本书为以下项目研究成果：

教育部人文社会科学重点研究基地重大项目

"中国特色的治理理论构建"（项目批准号：16JJD630012）

国家社会科学基金重大项目

"新时代县域社会治理能力建设研究"（项目批准号：18ZDA108）

教育部人文社会科学重点研究基地重大项目成果

中国市域社会治理

评估报告

ASSESSMENT REPORT OF
CHINA URBAN SOCIAL GOVERNANCE

陈那波　张程　等 ············ 著

社会科学文献出版社
SOCIAL SCIENCES ACADEMIC PRESS (CHINA)

目 录

第一章　导论*

一　导论

　　党的十八大以来，以习近平同志为核心的党中央高度重视市域社会治理工作，对相关工作提出明确要求、做出战略部署。继党的十九届四中全会提出"加快推进市域社会治理现代化"之后，党的十九届五中全会进一步提出"加快和创新市域社会治理，推进市域社会治理现代化"，党的二十大再次强调"加快推进市域社会治理现代化，提高市域社会治理能力"。可见，市域社会治理是国家治理的基石。

　　"市域"这个概念最早是由习近平同志在福建担任省长时提出的。他在2002年对厦门工作的讲话中提出"市域城镇体系"概念，要求全市"一盘棋"促进城乡发展。① 2018年7月17日，中央政法委秘书长陈一新同志在《人民日报》发表文章《推进新时代市域社会治理现代化》，正式提出"市域社会治理现代化"

---

　　* 执笔人：张程、陈那波。

　　① 《"五治融合"推动高水平"平安福建"建设——福建省政协专题协商市域社会治理现代化》，《人民政协报》2022年8月13日，http://dzb.rmzxb.com/rmzxbPaper/pc/layout/202208/13/node_01.html。

概念。"市域社会治理"指向国家治理在市域范围内的具体实施，要充分发挥市级层面主导作用，其中"市域范围"被界定为"以设区的城市为基本治理单位"。也就是说，做好市域社会治理，既要贯彻落实好中央关于国家治理的大政方针、制度安排、决策部署和省委的任务要求，又要对本市域社会治理进行统筹谋划、周密部署以推动实践。对此，陈一新强调"五个导向"，即树立"目标导向、政治导向、民本导向、问题导向、效果导向"来推进市域社会治理的理念现代化。

图 1-1 市域社会治理的"五大导向"

在"市域社会治理现代化"概念提出后，中央和各地便展开了更为深入的内容阐发与更为广泛的实践讨论。2018 年 8 月 31 日，由浙江省委政法委、浙江省高级人民法院、法制日报社和衢州市委、市政府共同主办的新时代"枫桥经验"衢州论坛聚焦"探索新时代市域社会治理现代化"进行深入交流探讨，这是在全国范围内第一次以市域社会治理现代化为主题举办的论坛。[①]2018 年 11 月 12 日，中央政法委与中共浙江省委在浙江绍兴联合召开纪念毛泽东同志批示学习推广"枫桥经验"55 周年暨习近平同志指示坚持发展"枫桥经验"15 周年大会。会上，时任中共中

---

① 徐文光：《大党建统领　大联动治理　全力打造中国基层治理最优城市——在新时代"枫桥经验"衢州论坛上的主题演讲》，中国改革网，2018 年 8 月 31 日，http://www.chinareform. net/index. php？ m = content&c = index&a = show&catid = 99&id = 27050。

央政治局委员、中央政法委书记郭声琨提出，要在全国东、中、西部选择一批城市，开展市域社会治理现代化试点，创造可复制、可推广的经验。要开展市域社会治理创新交流，以中央政法委创办的地市党委政法委工作创新交流会为平台，总结推广各地体制机制政策创新成果。①

2019 年 4 月 21 日，杭州市召开推进市域社会治理现代化工作专班专题会议，会议强调，建设市域社会治理"六和塔"工作体系，全面打造全国市域社会治理标杆城市和平安中国示范城市，是新时代背景下杭州加快社会治理现代化的总体目标。② 随后，山东省委政法委也召开全省社会治理创新座谈会，启动山东省市域社会治理现代化试点，研究部署网格化服务管理等基层社会治理工作，推动社会治理创新发展。③

2019 年 7 月，陈一新在第二期新任地市级政法委书记培训班上提出要把市域社会治理现代化作为社会治理现代化的切入点和突破口来抓，强调"五治"是推进市域社会治理现代化的有效方式，充分发挥"五治"作用，以政治强引领、以法治强保障、以德治强教化、以自治强活力、以智治强支撑。④ 2019 年 10 月底，党的十九届四中全会《中共中央关于坚持和完善中国特色社会主

---

① 马瑾倩：《郭声琨：在全国选一批城市试点市域社会治理现代化》，"新京报"百家号，2018 年 11 月 13 日，https://baijiahao.baidu.com/s？id＝1617017983101065581&wfr＝spider&for＝pc。

② 朱颖婕、黄宇翔、沈佳骏：《我市召开推进市域社会治理现代化工作专班专题会议》，浙江政务服务网，2019 年 4 月 21 日，http://www.hangzhou.gov.cn/art/2019/4/21/art_809576_33456071.html。

③ 马云云、崔岩：《推动社会治理创新，山东启动市域社会治理现代化试点》，凤凰网山东，2019 年 5 月 2 日，https://sd.ifeng.com/a/20190502/7417616_0.shtml。

④ 李阳：《陈一新在第二期新任地市政法委书记培训班上强调"五治"是推进市域社会治理现代化的有效方式》，中国法院网，2019 年 7 月 27 日，https://www.chinacourt.org/article/detail/2019/07/id/4208361.shtml。

义制度　推进国家治理体系和治理能力现代化若干重大问题的决定》（以下简称《决定》）提出，"加快推进市域社会治理现代化"，"市域社会治理"的概念首次出现在党的纲领性文件中。2019年12月3日，全国市域社会治理现代化工作会议召开，会议强调应坚持以习近平新时代中国特色社会主义思想为指导，深入学习贯彻党的十九届四中全会精神，牢牢把握坚持和完善共建共治共享的社会治理制度的总要求，以开展市域社会治理现代化试点为抓手，探索具有中国特色、市域特点、时代特征的社会治理新模式，推动平安中国建设迈上新台阶，从而直接奠定了市域社会治理现代化作为重要战略抓手和重要内容的基调。

2020年初新冠肺炎疫情应对中所暴露出的问题表明，当前市域社会治理能力的潜力尚未被充分挖掘出来，这为政府加快改革步伐提供了倒逼力量。2020年3月10日，习近平总书记在湖北省考察新冠肺炎疫情防控工作时指出，城市是生命体、有机体，要敬畏城市、善待城市，树立"全周期管理"意识，努力探索超大城市现代化治理新路子。① 可见，新时代市域社会治理现代化是推进国家治理现代化的题中之义，是当前和今后一个时期亟待我们研究和探索的重要理论课题和实践命题。

首先，市域社会治理锚定了治理层级的关键性。市域社会治理是国家治理在市域范围内的具体实施，是国家治理的重要基石，在国家治理体系中具有承上启下的枢纽作用。市域社会治理是比较容易被忽视的环节，也是容易潜藏问题的方面。譬如，处于省县之间的城市一般拥有上百万、几百万甚至上千万人口，流动人口较多，治理难度大、影响大，且在治理实践中

---

① 《习近平在湖北省考察新冠肺炎疫情防控工作时的讲话》，中国政府网站，2020年3月31日，http://www.gov.cn/xinwen/2020－03/31/content_5497465.htm。

一些地方缺乏长远布局与总体思路。抓住市域这个关键环节，就可以收到"一子落而满盘活"的效果，① 关于科学构建社会治理工作体系，形成市级统筹协调、县级组织实施、乡镇（街道）强基固本的市域社会治理链条是至关重要的。市域社会治理事关顶层设计落实落地、事关市域社会和谐稳定、事关党和国家长治久安。

其次，市域社会治理彰显了社会治理的效度性。社会治理问题已然成为当今世界公共治理的中心话题。社会治理及其现代化的基础性、复杂性、区域差异性等特征，决定了其在市域治理体系中的特殊地位和意义。随着新时代经济社会发展，人口、资源等各类要素越来越向市域聚集。与县域相比，市域治理对象更多样、治理问题更典型、治理体系更完备；与省域相比，市域直面基层社会治理问题，具有有效解决社会治理中重大矛盾问题的能力，能够将风险隐患充分化解在萌芽、解决在基层，是相对最直接、最有效力的统筹层级，更是推进基层治理现代化的指挥部所在地。

总而言之，无论是紧迫的现实需求还是中央或地方的政策意旨，皆表明市域社会治理现代化建设迫在眉睫。同时，针对市域社会治理的评估体系与方法也是当下及未来必然要发展建立的研究工具与实践工具。因此，本研究试图以评估作为考察探究市域社会治理的抓手，通过建立一套系统性、综合性的指标体系，以发现全国各地市当前市域社会治理的整体成效与个别不足，精准研判改进社会治理体系的着力点，促进市域社会治理这项系统工程不断提升。

---

① 侯金亮：《用系统思维推进市域社会治理现代化》，人民网，2021年1月4日，http://yn.people.com.cn/n2/2021/0104/c372441-34509074.html。

二 研究思路与评估体系

(一) 研究思路与体系框架

从现有研究和实践来看，学者将社会治理研究置于地方治理框架下开展，形成了多种进路。从指标选取上来看，已有研究或是以政府为中心，更多地关注政府的财政投入和经济产出以及效率等，通常采用的是客观指标，抑或是以公众为中心，关注公众的满意度，通常采用的是主观指标。虽然近年来，客观指标与主观指标兼而有之逐渐成为大多研究的选择，但是由于优质客观数据的获得难度较高，大多数研究从综合可行的角度，更多选择简单的经济财政客观数据或者不同群体或整体市民的主观测量数据作为评估社会治理水平的根据。从评估层级上来看，现有的社会治理评估更多局限于县域（或县级）层面，而针对全国市域的整体性的、系统性的社会治理评估体系尚未确立并落于真实的测量与应用。目前已有的相关评估测量（如对地方政府能力、政府质量、治理水平影响维度的研究①）集中在经济发展水平、人口密度、财政分权、税收、审计、社会资本、公民满意度等几大方面，这些更接近于静态的结果测量或者仅局限于特定的专业领域，缺乏对多元维度中具体治理行动的关注，使得理论界关于社会治理的测评方案欠缺一定的经验效度，多为一般意义上的"治理绩效"评估，从而很难从确切定义以及特定测量层面将社会治

---

① 吴建平:《社会治理绩效及其影响因素——基于 2015 年全国抽样调查的数据分析》，《国家行政学院学报》2017 年第 3 期，第 77 ~ 81 页；田发、周琛影:《社会治理水平：指数测算、收敛性及影响因素》，《财政研究》2016 年第 8 期，第 54 ~ 65 页；王小龙:《中国地方政府治理结构改革：一种财政视角的分析》，《人文杂志》2004 年第 3 期，第 64 ~ 69 页。

理评估与一般性的治理绩效评估区分开来。

　　针对以上问题，首先，我们必须对市域社会治理的确切定义与内在逻辑结构有清晰的认识和把握，才能够对评估体系所需体现的要素进行完整的覆盖。2019 年党的十九届四中全会《决定》明确指出，"社会治理是国家治理的重要方面。必须加强和创新社会治理，完善党委领导、政府负责、民主协商、社会协同、公众参与、法治保障、科技支撑的社会治理体系，建设人人有责、人人尽责、人人享有的社会治理共同体，确保人民安居乐业、社会安定有序，建设更高水平的平安中国"①。

　　"党委领导、政府负责、民主协商、社会协同、公众参与、法治保障、科技支撑"，这 28 字为加强和创新社会治理指明了方向、提出了要求，更画出了蓝图、构建了顶层设计，这 28 字从政策层面为我们设计研究市域社会治理的评估体系提供了准确而有力的框架依据与内容参考。这 28 字要求实际上明确了实现科学有效的市域社会治理所应具备的多元主体以及相应的途径与方式，反映出社会治理领域加具体治理手段才能产生社会治理绩效的内在逻辑。要推动市域社会治理各要素全面整合、系统集成，就要把党委领导、政府负责、民主协商、社会协同、公众参与、法治保障、科技支撑等社会治理方式整合在一个系统之中。也就是把党建引领、社区服务、群众自治、治安防控、法律服务等具体的市域社会治理业务集中在一个系统工程，而这一切实际上又是市域社会治理领域中具体治理行动的有力体现，同时，不同领域对市域社会治理的影响存在较大的差异性，具有开展研究分析的空

---

① 《中共中央关于坚持和完善中国特色社会主义制度　推进国家治理体系和治理能力现代化若干重大问题的决定》，共产党员网，2019 年 11 月 5 日，http://www.12371.cn/2019/11/05/ARTI1572948516253457.shtml。

间。因此，我们依据这 28 字从行动维度设定了七大治理行动指标，并用其来评估各城市在具体领域中运用具体治理方式开展治理的得分情况，这有助于弥补已有评估因局限于个别具体的专业领域而导致的对具体行动评估关注的缺失，也有效填补了目前针对市域层级社会治理评估的空白，为建立具有较高认同度和有力依据的评估体系提供了政策支持。

其次，我们遵循主观指标与客观指标兼而有之的研究传统与评估趋势。在建立七大治理行动指标的基础上，本研究还开发了系统性的问卷量表、构建了大容量的样本群体来测度全国各重点城市中广大市民群众对市域社会治理水平的具体感知。同时感知量表的构建维度分别为"获得感""幸福感""安全感"（以下简称"三感"），这也响应了习近平总书记对平安中国建设的重要指示精神："深入推进市域社会治理现代化，深化平安创建活动，加强基层组织、基础工作、基本能力建设，全面提升平安中国建设科学化、社会化、法治化、智能化水平，不断增强人民群众获得感、幸福感、安全感。"① "三感"着力于构建共建共治共享的治理格局，充分体现了"人民城市人民建、人民城市为人民"的理念，坚持以人民为中心，是做好市域社会治理的出发点和落脚点。同时，针对城市发展与运行的普遍特征，本研究还构建了城市层面的客观绩效指标来衡量城市在经济运行、城市活力、社会民生三大层面的实际状况。经济运行、城市活力、社会民生三大层面不仅反映了各个城市的市域特征与差异性基础，同时它们也是检验市域社会治理现代化建设成果的重要指标和宏观秩序基础。因此，脱离了经济活力、人口情况和民生福祉来讨论市域社

---

① 《习近平对平安中国建设作出重要指示》，中国政府网站，2020 年 11 月 11 日，http://www.gov.cn/xinwen/2020－11/11/content_5560493.htm。

会治理是不科学的。

总的来说，行动与绩效是因果相连的整体，基于此，本研究选择七大治理行动指标和主客观绩效指标来建构评估体系，有助于对全国各城市的市域社会治理进行一个多维度、整体性的评价。

（二）主要指标论证

正如研究思路中所述，本研究依据党的十九届四中全会提出的 28 字社会治理体系的建设要求，即从"党委领导、政府负责、民主协商、社会协同、公众参与、法治保障、科技支撑"这七大治理维度设定了治理行动指标。"党委领导、政府负责"体现了自上而下的党政主导，"民主协商、社会协同、公众参与"体现了自下而上的社会参与和决策民主化，"法治保障"体现了社会治理的法治思维和法治力量，"科技支撑"体现了围绕电子政务与数字智能精细治理的技术建设与科技力量。同时，在这七个治理行动指标下，本研究关注行动主体、行动资源、行动效果等主要向度，并展开分项指标的操作化，建立起具备完整性、标志性与创新性特征的市域社会治理评估体系（见图 1 - 2）。

1. "党委领导"指标

长期以来，"党委领导"在社会治理领域的重要作用都受到高度重视，习近平总书记指出，"中国共产党领导是中国特色社会主义最本质的特征，是中国特色社会主义制度的最大优势"。[①]2004 年，党的十六届四中全会首次提出要建立健全党委领导、政

---

① 习近平：《中国共产党领导是中国特色社会主义最本质的特征》，《共产党员》2020 年第 15 期，第 4 ~ 8 页。

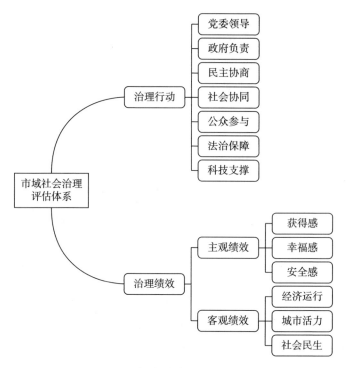

图1-2 市域社会治理评估体系

府负责、社会协同、公众参与的社会管理格局,[①] 初步构建起社会管理制度框架。2007年,党的十七大报告提出要"健全党委领导、政府负责、社会协同、公众参与的社会管理格局,健全基层社会管理体制",[②] 加快创新社会管理体制步伐。2012年,党的十八大要求"围绕构建中国特色社会主义社会管理体系,加快形成党委领导、政府负责、社会协同、公众参与、法治保障的社会管

---

① 李强:《社会管理创新重在体制创立》,中国共产党新闻网,2012年12月11日,ht-tp://theory.people.com.cn/n/2012/1211/c49154-19859352.html。

② 胡锦涛:《高举中国特色社会主义伟大旗帜为夺取全面建设小康社会新胜利而奋斗——在中国共产党第十七次全国代表大会上的报告》,《共产党员》2007年第21期,第6~23页。

理体制"。① 2013 年，党的十八届三中全会明确指出，"全面深化改革必须加强和改善党的领导，充分发挥党总揽全局、协调各方的领导核心作用"。2017 年，党的十九大提出要打造"共建共治共享"的社会治理格局。2019 年，党的十九届四中全会《决定》提出，"完善党委领导、政府负责、民主协商、社会协同、公众参与、法治保障、科技支撑的社会治理体系，建设人人有责、人人尽责、人人享有的社会治理共同体"。

党委领导在社会治理领域的重要性已经得到学者们的广泛认同。一般认为，党组织是社会治理活动的领导核心，社会治理各类主体在党组织领导下成为一个有机整体，② 建设创新型社会治理体制必须加强党的领导，加强多元参与和法治治理，③ 由党委站在全局高度，协调各方、把握方向、整合力量，④ 弥补其他各类社会治理主体在视野、信息、能力、担当等各方面存在的不足，从而对社会治理的方向、路径、模式等全局性问题形成更加清晰的认识和把握。具体而言，党委在社会治理联动模式中的作用主要是统筹协调政府、社会、公民在社会治理过程中的关系，确保每一个社会治理主体在治理过程中既不越位也不缺位，确保每一个主体都能履行自己的职责和义务，确保打造共建共治共享的联动格局，确保党在社会治理联动模式中始终保持总揽全局、协调其他社会治理主体的地位。

---

① 《坚定不移沿着中国特色社会主义道路前进　为全面建成小康社会而奋斗》，《人民日报》2012 年 11 月 9 日，第 2 版。

② 孙涛：《论党委领导与社会治理体制创新》，《云南行政学院学报》2015 年第 1 期，第 46～50 页。

③ 马德坤：《习近平关于社会治理的理论创新与实践探索》，《中国高校社会科学》2017 年第 3 期，第 4～12、157 页。

④ 童潇：《社会治理创新，如何体现"党委领导、政府主导"》，上观网，2017 年 5 月 9 日，https://web.shobserver.com/news/detail？id=52202。

因此，要评估市域社会治理，就必须将"党委领导"纳入其中，但当前文献尚无法提供成熟的评估指标体系。已有文献虽然对国家层面、省域层面、市域层面以及县域层面的社会治理评估指标体系均有不同程度的探索与研究，但较少面向社会治理中的党委领导开展具体评估。例如，有学者从参与、公正、有效、管制、法治、透明、廉洁等七个维度来评价城市治理水平，[①] 也有学者从主体能力、过程监督、治理绩效、满意度等四个方面构建特大城市社会治理评估体系，[②] 还有学者从经济建设、政治建设、文化建设、社会建设、生态建设等五个方面构建我国城市治理的评估指标体系，[③] 但均未专门对党委领导进行评估。仅有少数学者在设计评估指标时，将党委领导列入其中，例如，有学者从治理主体、治理方式、治理平台、治理对象、治理绩效等五个方面评估社会治理，并在治理主体维度设置党委领导、政府负责、社会协同、公众参与等四项指标，强调了对"党委领导"的测量。[④]

市域社会治理中的党委领导，可称为地方党委领导，表现为党委在城市治理中的整体领导水平和执政能力，集中体现在"引领"与"服务"上，即党委通过规划引领社会治理方向，同时在社会组织缺位时做好服务。已有少数学者对社会治理中地方党委领导水平的测量进行关注，例如，有学者认为应从党建引领社会

① 过勇、程文浩：《城市治理水平评价：基于五个城市的实证研究》，《城市发展研究》2010 年第 12 期，第 113 ~ 118 页。
② 张锋、罗翔：《特大城市社会治理评估体系构建研究——以上海为例》，《城市发展研究》2018 年第 9 期，第 42 ~ 47 页。
③ 徐国冲、李威璐：《我国城市治理的评估与发展——基于变异系数法的聚类分析》，《发展研究》2019 年第 9 期，第 45 ~ 57 页。
④ 彭莹莹：《社会治理评估指标体系的设计与应用》，《甘肃行政学院学报》2018 年第 2 期。

治理、服务型党组织建设、党员队伍建设等三个方面进行测量，[①]
也有学者认为学习型党组织建设、服务型党组织建设、创新型党
组织建设、党联系群众的渠道等几个方面能够体现出社会治理中
党委领导的成效。[②] 可见，这些文献主要对党委领导能力（如组
织建设、队伍建设等）、领导工作（如联系群众等）进行关注。

2. "政府负责"指标

政府是我国社会治理中的关键行动主体之一。党的十九大以
来，"打造共建共治共享的社会治理格局"被确定为未来社会
治理发展的新目标，这进一步明确了人民在社会治理中的主体
地位，要求政府做出与新时代要求相适应的角色转变，改变过往
大包大揽的管理方式，从"全能政府"转向"有限政府"。这意
味着在社会治理场域中，政府既要保持"在场"，发挥社会管理
与引导的作用，又要适当后撤，为调动多元主体的专业力量留出充
足空间，进而形成政府主导和社会参与相结合的新型治理模式。

有关政府社会治理水平的测量，国内学界开发的众多评价体
系大体可以分为政府绩效评价体系和社会治理评价体系两类。政
府绩效评价体系包罗万象，或是直接从经济发展、生态环境、科
技教育发展情况等维度评价政府绩效成果，[③] 或是按投入、管理
过程、产出及结果对政府的绩效水平加以衡量，[④] 或是这两种评

---

① 彭莹莹：《社会治理评估指标体系的设计与应用》，《甘肃行政学院学报》2018 年第
2 期。
② 谢刚：《推进社会治理主体协同的制度化建设》，《理论与当代》2018 年第 8 期，第
6～8 页。
③ 范柏乃、朱华：《我国地方政府绩效评价体系的构建和实际测度》，《政治学研究》
2005 年第 1 期，第 86～97 页。
④ 倪星：《地方政府绩效评估指标的设计与筛选》，《武汉大学学报》（哲学社会科学版）
2007 年第 2 期，第 157～164 页；尚虎平：《基于数据挖掘的我国地方政府绩效评估指
标设计——面向江苏四市的探索性研究》，《软科学》2011 年第 12 期，第 91～97 页。

价思路的结合。① 这些评价体系涉及政府事务的方方面面，而不是聚焦社会治理，难以反映出政府在社会治理中所扮演角色的全貌。

社会治理评价体系则直接以社会治理评估为主题，从国家②或地方③这些不同的治理层次构建起相应的评价体系，为理解和测量社会治理中的政府作用提供了思路，但许多研究提出的评价体系仅提出指标及其释义，并没有对指标进行操作化或投入评估实践。在这些评价体系之中，影响力较大的主要有俞可平教授于2012 年主持发布的"中国社会治理评价指标体系"和浙江大学社会治理研究院于 2019 年发布的"中国县域社会治理指数模型"。前者根据社会治理的基本价值构建起六个评价维度，政府治理工作分散在人类发展、社会公平、公共服务、社会保障、公共安全五个维度中，基本是按相关投入、产出和效果实施测量，指标内容同政府绩效评价体系较为相近；后者包括社会管理、政社互动、社会自主治理及科技支撑四个维度，其中"社会管理"维度测量党政主体在县域社会治理方面的工作成果，没有将政府作为单独主体加以评估，其指标主要反映党建、经济、民生、安全、法治的建设水平，形式也与政府绩效评价体系相似。

① 王玉明：《县级政府绩效综合评价指标体系的构建——基于广东的实证分析》，《广东行政学院学报》2009 年第 5 期，第 10～15 页。

② "中国社会管理评价体系"课题组、俞可平：《中国社会治理评价指标体系》，《中国治理评论》2012 年第 2 期，第 2～29 页；杨琛、王宾、李群：《国家治理体系和治理能力现代化的指标体系构建》，《长白学刊》2016 年第 2 期，第 94～99 页。

③ 施雪华、方盛举：《中国省级政府公共治理效能评价指标体系设计》，《政治学研究》2010 年第 2 期，第 56～66 页；陈丽君、郁建兴、董瑛：《中国县域社会治理指数模型的构建》，《浙江社会科学》2020 年第 8 期，第 45～52 页；彭莹莹：《社会治理评估指标体系的设计与应用》，《甘肃行政学院学报》2018 年第 2 期，第 89～98 页。

3."民主协商"指标

为了发展更高质量的民主协商，首先需要了解现阶段我国民主协商状况如何。学界尝试从多个角度评价民主协商的水平与质量，根据指标设计思路的不同，现有评价体系大致可以分为两类。一类从民主协商的学术概念出发，重点关注协商的主体、程序、结果等要素。例如陈丽君等的县域社会治理指数模型强调民主流程，分别考察选举、决策、管理和监督四个环节，综合判断基层民主实行情况。[1] 黄天柱针对政党协商展开评估，提出包含主体、内容、程序、结果四个维度的政党协商质量评估架构，强调协商的制度化水平、组织协调和成果落实能力。[2] 另一类民主协商评价体系基于既有民主实践，围绕村居选举、决策听证、预算商定等具体协商活动，设立相应的评价指标。例如"中国社会管理评价体系"课题组选择居委会直选率、居民参选率、重大决策听证率、预算制定公众参与率、媒体监督有效性、居民参与社会管理满意度等作为代表变量，评价整体的民主参与水平。[3]

总的来看，目前的民主协商测度方式已综合考察了协商主体参与率、协商渠道开放性和规范性、协商成果向现实的转化质量等因素，但仍有进一步拓展的空间。首先，现有的指标维度存在较为显著的区域性特征，选取的协商活动多来自发达地区，评估指标对全国各地差异化的协商实践适用性不足。其次，指标维度

---

① 陈丽君、郁建兴、董瑛：《中国县域社会治理指数模型的构建》，《浙江社会科学》2020年第8期，第45～52页。

② 黄天柱：《政党协商质量评估与提升路径研究——基于浙江的调查与思考》，《统一战线学研究》2019年第6期，第75～90页。

③ "中国社会管理评价体系"课题组、俞可平：《中国社会治理评价指标体系》，《中国治理评论》2012年第2期，第2～29页。

的细化程度不高,公开的研究文献主要讨论了一、二级指标的设计思路,而对具体三级指标测量方法着墨不多。

4."社会协同"指标

党的十九大和十九届五中全会提出要加强和创新社会治理,加强制度建设,形成人人有责、人人尽责、人人享有的社会治理共同体。[①] 社会治理是国家治理的基础,在推进国家治理体系和治理能力现代化进程中,社会协同是构建和完善社会治理体系的重要部分。社会协同是协同治理理论在国家和社会治理实践中的体现,其强调在公共管理过程中,党组织、政府、社会组织、企业、居民等多元主体为实现共同的公共目标和利益,依据自身拥有的资源,发挥各自优势,相互协作,以实现良好的治理状态。

协同治理是我国在市场经济发展与政府行政改革下社会治理方式转变的必然趋势。自党的十八大报告提出"加快形成党委领导、政府负责、社会协同、公众参与、法治保障的社会管理体制"以来,国内关注公共领域治理的学者对协同治理和社会协同进行了一系列理论论证和实证研究。范如国认为治理环境和社会事务的复杂性和不确定性使传统政府主导模式并不能很好地应对和解决复杂社会问题,需要建立社会协同的治理机制和制度安排。[②] 燕继荣指出从国家与社会关系发展以及治理结构逻辑的角度看,协同治理是公共治理和社会管理创新的方向。[③] 郁建兴和

---

① 《中国共产党第十九届中央委员会第五次全体会议公报》,求是网,2020 年 10 月 29 日,http://www.qstheory.cn/yaowen/2020 - 10/29/c_1126674174.htm。
② 范如国:《复杂网络结构范型下的社会治理协同创新》,《中国社会科学》2014 年第 4 期,第 98~120 页。
③ 燕继荣:《协同治理:社会管理创新之道——基于国家与社会关系的理论思考》,《中国行政管理》2013 年第 2 期,第 58~61 页。

任泽涛认为构建社会协同治理机制，既需要政府主体建设制度化的渠道和参与平台，也需要社会主体通过自组织实现自主治理、参与服务、协同管理。[①]欧黎明和朱秦认为形成社会协同良治格局，需要从主体、平台等机制层面和信任或社会资本等心理层面进行建设。[②]

社会协同强调多元社会主体，特别是社会组织对社会治理的积极参与。针对社会协同的测量与评估，国内学界已经产出了较为丰富的研究成果。早在 2012 年，中央编译局比较政治与经济研究中心和清华大学凯风发展研究院政治发展研究所就联合发布了"中国社会治理评价指标体系"，"社会参与"作为一个二级指标被囊括在内。"社会参与"二级指标下采用了 9 个三级指标来反映社会参与的水平，分别是"万人社会组织数量""万人志愿者数量""政府购买社会组织公共服务支出占公共服务支出比重""居民委员会直选率""居民参与率""重大决策听证率""预算制定过程中的公众参与率""媒体监督的有效性""居民对参与社会管理的满意度"。可以看出，该指标体系所测量"社会参与"主体更加广泛，既包括社会组织也包括公众。

近年的一些构建社会治理评价指标体系的研究搭建的评价指标体系也涉及有关社会协同的评估。彭莹莹在"社会治理评估指标体系"的一级指标"治理主体"下将"社会协同"设为二级指标之一，同时在"社会协同"下设了 3 个三级指标，分别为"组织发展及其能力""社区工作职业化""社区

① 郁建兴、任泽涛：《当代中国社会建设中的协同治理——一个分析框架》，《学术月刊》2012 年第 8 期，第 23～31 页。
② 欧黎明、朱秦：《社会协同治理：信任关系与平台建设》，《中国行政管理》2009 年第 5 期，第 118～121 页。

居民自治"。① 可以看出，该指标体系将社会组织与社区居民自治组织放在一起考量，并且该指标体系侧重评估的是"社会协同"的前端，即主体建设，对中端和后端，即协同过程和协同效果的考察不足。

也有学者就社会组织参与社会治理的绩效搭建了专门的指标体系。孙莉莉和钟杨在"合法性—有效性"的框架下从参与能力和参与效能两个方面出发，为社会组织参与社会治理的绩效搭建评估模型。② 社会组织的"合法性"逻辑包括制度支持和社会支持，前者指关于社会组织参与社会治理的政策制度体系，可以从政府购买服务制度、社会组织参与组织化平台建设等相关支持政策方面进行测量。对后者的测量，可以从社会捐赠、媒体宣传和公众参与三个方面进行。社会组织的"有效性"逻辑则包含参与能力和参与效能两个维度。其中参与能力划分为三个层面，即成熟的组织治理能力、均衡的功能活动领域、专业化服务能力；而参与效能可以通过服务供给数量和规模、目标群体状况的改善程度、公众对政府公共服务领域工作的信任水平来进行测量。该评估模型在"合法性—有效性"的理论框架下较为全面地测量了社会组织对社会治理的参与，但其过于强调社会组织的特性，比如对社会组织机构愿景、品牌战略的评估，且在一定程度上忽视了主观指标，比如民众对社会组织参与社会治理的效果评价。

5. "公众参与"指标

公众参与是评估社会治理的重要维度之一。衡量治理是一

---

① 彭莹莹：《社会治理评估指标体系的设计与应用》，《甘肃行政学院学报》2018 年第 2 期。
② 孙莉莉、钟杨：《社会组织参与社会治理的绩效评估：理论框架和评估模型》，《宁夏社会科学》2018 年第 5 期，第 115～119 页。

项十分复杂、庞大而且困难的工作。① 俞可平最早开始进行治理评估的研究时，提出中国治理评估框架应该包含公民参与、人权与公民权、党内民主、法治、合法性、社会公正、社会稳定、政务公开、行政效益、政府责任、公共服务、廉洁等 12 个维度，②并在随后发布的中国社会治理评价指标体系中设立人类发展、社会公平、公共服务、社会保障、公共安全和社会参与等 6 项二级指标，③ 与公众参与相关联的指标（如社会参与）都位列其中。其他学者在研究社会治理评估时，也都注重对公众参与的考量。例如，田发、周琛影认为应从居民发展、社会公平、公共服务、社会保障、公共安全和社会参与等 6 个维度评估社会治理水平，④南锐在研究省域社会治理评估时，将社会保障治理、社会安全治理、公共服务治理和社会参与治理列为一级指标，⑤ 张锋、罗翔从过程视角评价特大城市社会治理，认为过程监督应包括体制机制、社会参与、公开透明、监督问责等 4 个三级指标。⑥ 这些都表明，在市域社会治理评价中引入公众参与，具有深厚的理论基础和研究价值。

然而，要对社会治理中的公众参与进行评估，还存在一系列理论与实践困境。一方面，学者们认识到了对公众参与进行评估

---

① 过勇、程文浩：《城市治理水平评价：基于五个城市的实证研究》，《城市发展研究》2010 年第 12 期。

② 俞可平：《中国治理评估框架》，《经济社会体制比较》2008 年第 6 期。

③ "中国社会管理评价体系"课题组、俞可平：《中国社会治理评价指标体系》，《中国治理评论》2012 年第 2 期。

④ 田发、周琛影：《基于因子分析法的省域社会治理水平评估》，《北京邮电大学学报》（社会科学版）2017 年第 2 期。

⑤ 南锐：《精细化视角下省域社会治理绩效的组合评价——基于 29 个省域的实证研究》，《北京交通大学学报》（社会科学版）2017 年第 4 期。

⑥ 张锋、罗翔：《特大城市社会治理评估体系构建研究——以上海为例》，《城市发展研究》2018 年第 9 期。

的重要性，但如上文所述的文献，大都仅列出概念框架，少有实证检验，各维度间关系与强度等仍有待研究，导致缺乏统一的概念、类型划分，缺乏普遍认可的评估指标体系及公认可靠的评估工具等，[①] 难以开展实际操作。另一方面，就目前文献来看，主要关注点在于研究公众如何参与社会治理，如何参与政府绩效评估，以及公众参与某项事务后对该事务成效进行评估，而较少评估社会治理中的公众参与。对于宽泛意义上的评价，有学者认为，应从平等性、效率、参与广度与深度等三个方面对公众参与进行评估，[②] 也有学者认为应该对参与的透明度、意见采纳情况和参与主体的代表性等进行关注。[③] 对于具体领域的公众参与评价，则更具针对性，如，有学者认为，对于环境影响评价中的公众参与，应该评价其参与的方法、参与的质量、法律规定、参与过程的透明度、对公众意见的重视程度等方面内容；[④] 对于水资源和水环境管理中的公众参与，应该从政府推进公众参与的行为、居民的环境知识水平、参与程度、参与意愿、信息获取途径、满意度等方面进行评估；[⑤] 政府绩效评价中的公众参与，则可从组织者、评价者、评价对象、参与形式、评价内容、参与结果等方面进行评价；[⑥] 公共管理活动中的公众参与，可从公众和

---

① 张晓杰、娄成武、耿国阶：《评估公众参与公共决策：理论困境与破解路径》，《上海行政学院学报》2016 年第 5 期。

② W. R. D. Sewell & S. D. Phillips, "Models for the Evaluation of Public Participation Programmes," *Natural Resources Journal* 19 (1979): 337 – 358.

③ Gene Rowe & Lynn J. Frewer, "Public Participation Methods: A Framework for Evaluation," *Science, Technology, & Human Values* 25 (2000): 3 – 29.

④ Obaidullah Nadeem & Thomas B. Fischer, "An Evaluation Framework for Effective Public Participation in EIA in Pakistan," *Environmental Impact Assessment Review* 31 (2011): 36 – 47.

⑤ 栾芸、刘静玲、邓洁、曾宝强：《白洋淀流域水资源管理中的公众参与分析及评价》，《环境科学研究》2010 年第 6 期。

⑥ 周航：《中国地方政府绩效评价中公众参与的有效性研究——基于四川省 M 县的调研》，硕士学位论文，西南财经大学，2013。

政府两个角度度量其有效性；等等。

6. "法治保障"指标

党的十八大以来，依法治国作为推进政治建设和政治体制改革的重要任务，在国家治理体系和治理能力现代化建设中始终占据着重要位置。党的十八届四中全会通过《中共中央关于全面推进依法治国若干重大问题的决定》，翌年中共中央、国务院印发《法治政府建设实施纲要（2015—2020年）》，法治国家和法治政府建设全面加速推进。为顺应新时代中国特色社会主义的发展，党的十九大报告对法治建设提出新要求，把基本建成法治国家、法治政府、法治社会作为到2035年基本实现社会主义现代化的目标之一，并将"法治保障"作为"打造共建共治共享的社会治理格局"的重要组成部分，要求提升社会治理法治化水平。

本报告所分析的是地方社会治理工作中"法治保障"的建设情况，面对有关法治建设的诸多概念，有必要明确社会治理语境下的"法治保障"的内涵。党的十九届四中全会《决定》提出，国家民主法治建设有赖于深入推进科学立法、严格执法、公正司法、全民守法，实现法治国家、法治政府、法治社会建设相互促进。此处所说的"法治社会"不同于"法治政府"或"法治国家"。法治社会本质上是立足民众的基层法治建设，目标在于实现社会治理法治化，而立足国家机关的法治政府建设是法治社会的先导，建设法治国家则是总的目标，[①] 三者三位一体，各有侧重。在党的十八届三中全会报告中有关"改进社会治理方式"的部分中，社会治理的"法治保障"被表述为"坚持依法治理，加

---

① 《袁曙宏：坚持"三个一体建设"，开启全面依法治国新征程》，光明思想理论网，2020年4月21日，https://theory.gmw.cn/2020－04/21/content_33757282.htm。

强法治保障，运用法治思维和法治方式化解社会矛盾"。可见，社会治理下的"法治保障"是依法治国综合体系的一个组成部分，专门针对"社会治理"，核心在于化解社会矛盾、维护基层秩序稳定。

当前有关法治社会建设的评估体系主要有社会治理评价体系和专门的法治评估体系两种。在现有社会治理评价体系中，"法治"并非必然出现的内容，而涉及"法治"内容的研究所采用的"法治"界定并不一致，比如俞可平主持构建的"中国社会治理评价指标体系"中仅"公共安全"维度与法治建设相关；浙江大学社会治理研究院发布的"中国县域社会治理指数模型"① 中包含"公共安全"和"法治保障"两个指标，前者衡量公共安全各领域的建设情况，后者衡量的则是区县政府的司法效能，与社会治理意义上的"法治保障"有所区别。相反，专门的法治评估体系所涵盖的内容则十分广泛，如中国人民大学法治评估研究中心在 2015 年对全国 28 个省、自治区和直辖市开展的法治评估中，包含法律规范体系、法治实施体系、法治监督体系、法治保障体系、党内法规体系和法治效果体系六大一级指标，涉及社会主义法治建设的方方面面。② 这些专门的法治评估体系研究为本报告聚焦社会治理中的"法治保障"指标设计提供了有益思路。

7. "科技支撑"指标

现代信息技术对社会治理的影响愈发明显。2014 年，在中央

---

① 《浙江大学社会治理研究院发布中国县域社会治理指数模型暨 2019 年浙江省县域社会治理十佳县（市）区》，浙江大学公共管理学院网站，2019 年 11 月 12 日，http://www.spa.zju.edu.cn/spachinese/2019/1112/c13219a1745988/page.htm。

② 朱景文：《中国法治评估指标体系及总体状况分析》，《人民论坛·学术前沿》2018 年第 4 期，第 48～67 页。

网络安全和信息化领导小组第一次会议上，习近平总书记做出"没有信息化就没有现代化"的论断。[①] 2016 年，习近平总书记就加强和创新社会治理做出重要指示，强调要更加注重民主法治、科技创新，提高社会治理社会化、法治化、智能化、专业化水平，提高预测预警预防各类风险能力。首次提出了"社会治理智能化"的概念。[②] 2017 年，习近平总书记在主持中共中央政治局实施国家大数据战略第二次集体学习时指出，要运用大数据促进保障和改善民生，推进"互联网 + 教育""互联网 + 医疗""互联网 + 文化"等，让百姓少跑腿、数据多跑路。[③] 2019 年 11 月，党的十九届四中全会《决定》在"坚持和完善共建共治共享的社会治理制度，保持社会稳定、维护国家安全"小节将"科技支撑"纳入社会治理体系，标志着科技正式成为社会治理的关键要素，提升科技运用水平成为社会治理领域新的着力方向。同时，随着科技的快速迭代，运用到社会治理场景的技术愈发多元。从较为传统的政务热线、门户网站、论坛社区，到新兴的政务 App、小程序、信息管理系统，多种技术同行并用、各展所长，以社会治理科技为对象的研究也呈现多样化的趋势。

现有的社会治理科技评估研究大致可分为两类——对单个模块的评估以及对地区整体科研能力的评估。单模块评估是对特定技术的运用情况进行评价，例如政府网站质量评估、政务热线服

---

① 《中央网络安全和信息化领导小组第一次会议召开 习近平发表重要讲话》，中华人民共和国国家互联网信息办公室网站，2014 年 2 月 27 日，http://www.cac.gov.cn/2014 – 02/27/c_1116669857.htm。

② 《社会治理智能化的法治路径》，法治政府网，2021 年 3 月 26 日，http://fzzfyjy.cupl.edu.cn/info/1047/12792.htm。

③ 《习近平主持中共中央政治局第二次集体学习并讲话》，中国政府网站，2017 年 12 月 9 日，http://www.gov.cn/xinwen/2017 – 12/09/content_5245520.htm。

务评估等。这类调查评估重点在于考察技术的可行性、有效性、效率的高低，指明存在问题和改进策略。郑跃平等基于对28个大中城市进行的政务热线调查，指出各地政府对政务热线的资源投入不断增加，热线接通率、工单办结效率均有提升，但仍存在渠道整合不充分、数据分析利用能力不足等问题。[①] 在此基础上，中山大学中国公共管理研究中心、政治与公共事务管理学院、国家治理研究院联合评估机构发布的《政务热线发展研究报告》，进一步提供了有关政务热线服务质量的结构化数据，识别各地政务热线发展状况和未来发展方向。

另一类社会治理科技评估研究将关注层级上升到地区，着重于区域的整体科研能力评价，风格上更靠近绩效评估体系，指标集中于人力财力投入以及技术指标产出结果。以山东社会科学院与山东省政府、高校专家共同编写的《山东经济形势分析与预测》蓝皮书为例，蓝皮书以济南市区域性科技创新中心为评估对象，考察其科技支撑能力，指标包括人才投入（研究人员数、高校在校生数）、资金投入（企业研发支出占比、地区研发支出占比）、创新载体建设能力和制度环境（技术研究中心数量、孵化器数量、科学技术支出占财政支出比重、金融机构贷款占比、万人专利授权量）等。[②] 同类评估研究大体使用了相似的测量方法，其优势在于能够以标准化的指标对地区科技发展现状进行描述，并且可以在地区间进行比较。

但现有研究仍存在一些空白有待补充，首先，单模块评估和地区评估衔接不足，两类研究难以有效对话，缺乏一个以技术模

① 郑跃平、梁春鼎、黄思颖：《我国地方政府政务热线发展的现状与问题——基于28个大中城市政务热线的调查研究》，《电子政务》2018年第12期，第2～17页。

② 李广杰主编2017～2020年《山东经济形势分析与预测》，社会科学文献出版社，2017～2020。

块为主体，以地区整体能力为评估目标，横向涵盖全国各地的统一调查数据库。其次，现有科技评估研究的关注焦点多为经济发展、政治回应等领域，以社会治理为核心的科技作用评估成果较少。

三　研究方法

（一）样本选取方法

本课题围绕市域展开社会治理的研究评估，市域是指由全国范围内的直辖市、省会城市、自治区首府及其他地级行政区组成的总体，截至 2019 年末，具体包含 336 个城市。由于各城市的政府信息发布频率与规范性、政府网络渠道建设等方面的发展程度存在较大差异，城市社会治理相关信息的完整性、有效性参差不齐，本课题作为对市域社会治理评估的初步探索研究，为兼顾评估的可行性与可比性，课题组规划选取了市域范围内的 108 个城市作为本次研究的重点城市，本报告所提及的重点城市均特指该 108 个城市。

对于本课题的重点城市选取，参考业内通用的城市划分思路，主要基于人口规模和城市行政等级进行考量。对于人口规模的统计口径，由于不同城市之间人口流动性及城市常住人口分布差异较大，从社会治理角度来考虑，使用城市常住人口数据以反映城市在社会治理方面的整体情况。住建部按城区常住人口进行的城市等级划分，一般不含乡镇区域人口，不适用于市域社会治理课题。

基于上述情况，课题组确定了从城市常住人口和城市行政等级两方面来界定重点城市样本范围。首先，常住人口（按

2019 年人口数据，下同）在 500 万人以上，就属于重点城市，共有 91 个城市，占城市总数的 27.1%。其次，常住人口在 500 万人以下的城市，包含部分经济欠发达地区的省会城市和自治区首府，从城市行政等级来看，省会城市或自治区首府是一省或自治区的行政中心，能够反映该地区的社会治理水平，属于重点城市，共有 9 个城市，约占城市总数的 2.7%。再次，对常住人口在 490 万~500 万人的非省会（首府）城市，为兼顾后续周期性评估的对比需要，也纳入重点城市范围，共有 8 个城市，约占城市总数的 2.4%。

最终，本课题的评估对象选定全国范围内的 108 个重点城市，重点城市数量占城市总数的 32%，人口规模约占 2019 年全国人口总量的 58%，地区生产总值约占 2019 年全国 GDP 的 67%。

（二）样本分布特点

1. 地理分布

从地理分布来看，本课题所评估的重点城市集中于东部与中部地区；西部地区城市的常住人口规模普遍较小，符合本课题样本选取要求的重点城市也相对较少。

2. 地区省份具体分布

从具体分布来看，108 个重点城市覆盖了东部、中部和西部共计 31 个省级行政区，东部城市 48 个，占 44%；中部城市 38 个，占 35%；西部城市 22 个，占 20%。其中，东部重点城市以沿海省份的经济发达城市及直辖市为主，中部重点城市以经济欠发达的非省会城市为主，西部重点城市以省会、自治区首府和直辖市为主（见图 1-3）。

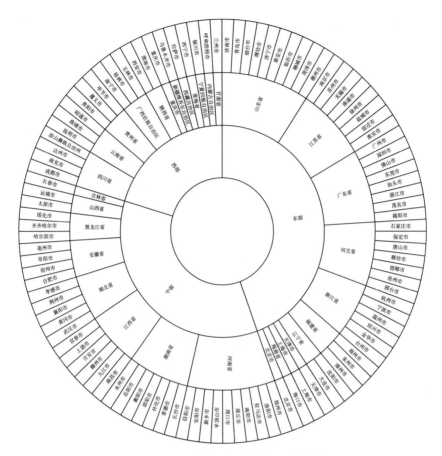

图 1－3　108 个重点城市的具体分布

3. 人口规模与行政等级分布

从常住人口规模分布来看，500 万人以下的城市 17 个，占 16%；500 万～1000 万人的城市 75 个，占 69%；1000 万～1500 万人的城市 10 个，占 9%；1500 万人及以上的城市 6 个，占 6%。从行政等级分布来看，直辖市 4 个，占 4%；省会（首府）城市 27 个，占 25%；非省会（首府）城市 77 个，占 71%（见图 1－4）。

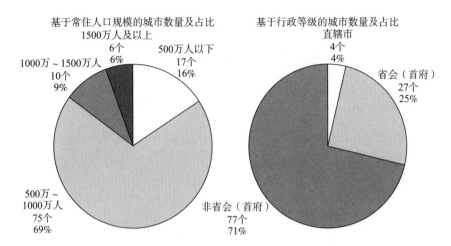

基于常住人口规模的城市数量及占比
1500万人及以上 6个 6%
1000万~1500万人 10个 9%
500万人以下 17个 16%
500万~1000万人 75个 69%

基于行政等级的城市数量及占比
直辖市 4个 4%
省会（首府） 27个 25%
非省会（首府） 77个 71%

图1-4　108个重点城市的常住人口规模与行政等级分布

（三）数据采集方法

评估思路与指标框架为课题研究奠定了重要基础，样本选取圈定了本次项目的评估范围，而数据采集方法则需要解决数据在哪、如何标准化获取的问题。不同指标的数据来源、数据类型、采集要求均有所不同，结合各评估指标对数据的具体要求，最终确定采用以下5种数据采集方法以满足项目数据需求（见图1-5）。

5.问卷调查（基于网络问卷调查）
1.政府网络信息分析（基于政府网络渠道）
数据采集方法
4.专业测评资料分析（基于专业机构测评报告）
2.专业平台数据分析（基于专业领域平台）
3.统计资料分析（基于统计局公布资料）

图1-5　5种数据采集方法

1. 政府网络信息分析

政府在社会治理中承担主体责任，其开展各项日常工作对应着社会治理行动的方方面面。政府网络信息作为治理工作的具体反映，是评估政府治理行动的最重要数据来源。通过市政府网站、党建网等政府官方网络渠道，按照评估体系设计的数据搜索标准方法查询、采集、标记指标数据的方法，被称为政府网络信息分析。政府网络信息分析主要应用于治理行动中的"党委领导""政府负责""民主协商""社会协同""法治保障""科技支撑"相关的评估指标。对于具体指标的数据采集方法，示例如下。

"调研工作"：在"××市政府"官网、"××市党建网"或"××市机关党建网"搜索 2018 年 1 月 1 日~2020 年 12 月 31 日的报道，看是否有对市委书记下基层调研经历的报道，同时对照社会治理内容界定，符合条件的则记录"有"，并去除时间地点人物相同的重复报道，记录最后次数，按次赋分。

"人大代表调研报道数"：在人大网站"监督工作"板块（具体表述和位置可能略有不同）直接统计栏目内报道数量，起止时间为 2019 年 1 月 1 日~2019 年 12 月 31 日；没有栏目归类的，在网站搜索"调研/视察/走访/现场/实地/询问/慰问/检查"，排除重复和无关的报道，统计该市人大代表调研报道数量，起止时间为 2019 年 1 月 1 日~2019 年 12 月 31 日；没有网站搜索功能的则在"工作动态"翻阅记录，筛选、记录人大监督调研的报道数量。

2. 专业平台数据分析

关于政府治理行动的具体反映，除了政府网络平台之外，与本课题评估体系相关的专业平台是另一个重要的数据来源。专业平台数据可反映社会治理行动中特定领域的指标表现情况。通过中国社会组织公共服务平台、中国裁判文书网、发展规划数据库等专业服务平台，按照评估体系设计的数据搜索标准方法查询、采集、标记指标数据的方法，被称为专业平台数据分析。专业平台数据分析主要应用于治理行动中的"政府负责""公众参与""社会协同""法治保障"相关的评估指标。对于具体指标的数据采集方法，示例如下。

"治理规划"：进入由思睿云智信息科技有限公司搭建的发展规划数据库①，按城市搜索"十三五"规划纲要文件；根据搜索结果，判断该市有无"十三五"规划纲要，有则记1，无则记0；从"十三五"规划纲要文件中检索"社会治理"，判断是否有独立的社会治理章节，有则记1，无则记0；将各市"十三五"规划纲要中涉及社会治理的内容摘取汇总至对应文档，并统计社会治理内容出现次数；最后基于上述有无"十三五"规划纲要、是否有独立的社会治理章节及社会治理内容出现次数的数据，经过标准化处理得到各市"治理规划"指标数据结果。

"诉讼案件数"：通过中国裁判文书网②按照查询条件（"××市"＋"20190101—20191231"）可查到2019年全部带"××市"字样名称的诉讼案件。

3. 统计资料分析

政府社会治理的资源投入、治理绩效产出均涉及国民经济和社会发展相关状况，统计数据可以反映政府在社会治理行动中的人力资源与财政方面的支持力度，以及在治理绩效中的客观结果。通过城市统计年鉴、城市统计公报等统计资料，按照评估体系设计的数据搜索标准方法查询、采集、标记指标数据的方法，

---

① http://three-cloud.com.

② https://wenshu.court.gov.cn.

被称为统计资料分析①。统计资料分析主要应用于治理行动中的"政府负责""公众参与"以及客观绩效中的"经济运行""城市活力""社会民生"相关的评估指标。对于具体指标的数据采集方法，示例如下。

"地区生产总值"：登陆各市统计局网站，查询2019年各市国民经济和社会发展统计公报，从中查找、获取各市地区生产总值数据。

"公共财政支持水平"：查阅《中国城市统计年鉴2019》可收集到对应数据。

4. 专业测评资料分析

根据社会治理评估体系的设计要求，需要采集能够反映政府在治理行动中面向公众的工作成效的指标数据。第三方专业测评结果因专业性与独立性的特点，更适合用于评估相应的治理行动效果。通过专业测评机构围绕目标指标开展的评估报告等资料，按照评估体系设计的数据搜索标准方法查询、采集、标记指标数据的方法，被称为专业测评资料分析。专业测评资料分析主要应用于治理行动中"科技支撑"相关的评估指标。对于具体指标的数据采集方法，示例如下。

"政府网站服务质量"：通过搜索《2019暨第十八届中国政府网站绩效评估结果》②，从中查找到各城市政府网站绩效评估数据结果。

"政务热线服务质量"：基于中山大学数字治理研究中心提供的《2020年全国政务热线服务质量评估报告》资料，从中查找到各城市政务热线服务质量测评排名数据。

---

① 本课题的统计资料分析所涉及的数据均为2019年度统计数据。

② http://ts.whytouch.com/pdf/gd7f1fea803d476906c1e2e42bf759c1/index.php。

5. 问卷调查

政府的社会治理工作离不开公众的参与和评价反馈，服务型政府的建设，要求把公众评价和意见放在更重要的位置。在本课题的评估体系中，课题组把居民对政府工作的反馈以及居民对城市生活的主观感受作为对政府社会治理工作的重要评估内容。城市居民的评价信息作为一手数据，需要通过问卷调查方式来收集。

问卷调查，是基于课题研究目的及评估体系进行问卷设计，再通过目标人群反馈问卷信息的数据采集方法。本课题评估对象涉及 31 个省级行政区域的 108 个重点城市，调查范围广，在执行上采用了网络问卷调查。为了保证目标人群提供的数据科学有效，在调查样本条件方面要求被访对象是在该城市住满 1 年的 16 周岁以上的居民。针对 108 个重点城市的问卷调查，最终回收有效样本量为 45728 个。

问卷调查内容包含两部分：主观绩效评价、治理行动维度中涉及城市居民评价的内容。

主观绩效评价的内容主要围绕获得感、幸福感和安全感及其相关的评价指标展开。获得感包含获得感总体感知评价，还有对"收入增加""就业服务""生活便利""绿色生活""优质教育""基本医疗""社会保障""社会公平""合法权益"9 项内容的获得感评价；幸福感包含幸福感总体感知评价，还有对"收入水平""身体健康状况""精神心理状态""生活质量""居住品质""家庭状态""人际关系""职业现状"8 项内容的幸福感评价；安全感包含安全感总体感知评价，还有对"生态安全""公共卫生安全""食品安全""交通安全""治安安全""信息安全"6 项内容的安全感评价。

治理行动维度中涉及城市居民评价的内容,主要有"公众参与""社会协同""民主协商""法治保障""党委领导"相关需要公众参与评价的指标,如"是否听说过居民议事会/理事会""是否参与过居民议事会/理事会""是否听说过村委会/居委会代表选举活动""是否参与过村委会/居委会代表选举活动""在居住地见到民警或辅警的频率"等内容。

(四)数据分析方法

1. 指标赋分方法

社会治理评估体系,既有治理行动的内容,如领导调研、教育科研等,又有治理结果的内容,如社会组织数量、市中级人民法院调解数、政务热线服务质量等。从数据采集方法来看,包含5种不同类型的数据来源。指标数据类型丰富多样,指标绝对值之间没有可比性。如何在不同指标之间进行比较,如何将不同内容的指标进行合成,这对指标赋值、赋分提出了比较高的要求:赋分后指标数据之间要具备可比性、指标可以进行合成运算、数据结果符合社会常识等。

根据本课题的特点、要求,主要采用两种赋分方法:排序赋分法(占90%以上)、插值赋分法。在指标赋分时,将分值划分为基础分与表现分。

其中基础分为70分,是介于及格与良好的中间值,即若地方政府达到该项指标所对应的治理工作正常运行的要求,则最低给予70分,基础分的分值设置不影响城市之间的数据比较。

(1)排序赋分法

排序赋分法适用于原始数据波动范围大、数据比较的意义在于定性、数据差额大小意义不明确的指标。

公式为：

$$指标赋分 = 70 + \frac{n + 1 - r_i}{n} \times 30 \qquad (1-1)$$

其中，n 为参与评价的城市数量，本项目 $n = 108$，r_i 为秩次，是指将数据按从大到小的顺序排序后，该城市的位置。第一名为 100 分，最后一名为 70.28 分（$70 + 1/108 \times 30$），每个城市均按公式给予相应赋分（评分）。

计算方法示例如下。

某市 2019 年市中级人民法院调解数为 11939 件，在 108 个城市中排名第 4，该指标赋分为：

$$70 + (109 - 4) / 108 \times 30 = 99.2（分）$$

某市 2019 年人均科学技术支出与教育支出为 2399.2 元，在 108 个城市中排名第 28，该指标赋分为：

$$70 + (109 - 28) / 108 \times 30 = 92.5（分）$$

（2）插值赋分法

插值赋分法适用于原始数据波动范围明确、数据大小本身具有明确含义的指标，如工作年限、受教育程度、网站等级等。

公式为：

$$指标赋分 = 70 + \frac{x - x_{min}}{x_{max} - x_{min}} \times 30 \qquad (1-2)$$

其中，x_{max} 为指标最大值，x_{min} 为指标最小值，x 为该城市指标数值。

计算方法示例如下。

以工作经验为例，将市级领导最大工作年限 45 年定义为 100 分，刚工作定义为 0 分，某市政府领导班子平均工作年限 31.5

年，工作经验赋分为：

$$70 + 31.5/45 \times 30 = 91 \text{ （分）}$$

2. 指标权重的确定方法

（1）主观赋权法与客观赋权法

本课题所涉及的指标众多，分属社会治理的各个层面，包含100多项指标，评估对象涉及100多个城市。为确保多层次指标权重设置的科学合理性，采用主客观方法相结合的方法来确定各层次的指标权重。本课题组召集开展小范围专家座谈会，通过主观赋权法讨论确定了治理行动与治理绩效维度的权重。同时，确定采用客观赋权法，通过指标之间的内部关联性来确定其他层级指标的权重。

一般来说，最常用的主观赋权法是德尔菲法，本质是反馈匿名函询法，大致流程是在对所要预测的问题征得专家的意见之后，进行整理、归纳、统计，再匿名反馈给专家，再次征求意见、反馈，直至达成一致意见。主观赋权法对专家团队的要求比较高，专家需要对评估内容有全面的认识，对指标关系有深入的了解与判断，并且评估指标数量不宜过多。鉴于本课题所运用的指标数量多与层面广，故采用小范围专家座谈会的方法以较为高效地确定高维度的指标间的权重分配。

另外，自党的十八大以来，政府越来越重视群众的生活体验，尤其是获得感、幸福感、安全感，各级政府开展环境建设、教育投入、改善民生等诸项措施，也是以"增强人民的获得感、幸福感、安全感"为落脚点的，所以，权重计算方法的选择也应当是以各指标与"三感"表现的关联作为落脚点更加合适，经过论证与讨论，最终选择因子分析、回归分析相结合的客观赋权法作为低维度指标权重的确定方法。

（2）指标权重的计算

①获得感、幸福感、安全感综合指标权重计算

采用因子分析法，第一公因子贡献度达到85.2%，符合指标权重的界定条件，呈现权重：获得感36.8%，幸福感36.7%，安全感26.5%。

②治理行动的7类指标、三级指标合成二级指标的计算方法

采用因子分析、回归分析相结合的统计方法计算获得，具体计算如下。

因子分析：获得与指标等量的各因子，并产生相关因子变量，再选择累计贡献度达到85%以上的因子作为自变量（85%是因子分析中选取公因子的常用标准）。

回归分析：以"三感"合成的主观绩效为因变量，以通过因子分析获取的公因子为自变量，进行回归分析，获得标准化的回归系数；通过因子载荷矩阵回代，获得相关指标的回归系数，再对回归系数进行标准化处理，得到相关指标的权重。

因子分析的结果与标准回归系数合成，获得各三级指标的权重。

③治理行动的7类指标的二级指标的确定

方法类似于三级指标的权重计算，先合成二级指标，对二级指标通过因子分析、回归分析进行权重计算。

3. 指标得分的核算方法

（1）综合得分核算

综合得分 = ∑维度得分 × 维度权重。即综合得分 = 治理行动得分 × 治理行动权重 + 主观绩效得分 × 主观绩效权重 + 客观绩效得分 × 客观绩效权重。

（2）一级指标（三大维度）得分核算

维度得分 = ∑ 二级指标得分 × 二级指标权重，即：

治理行动得分 = ∑ 治理行动 7 维度 × 治理行动 7 维度权重

主观绩效得分 = 获得感得分 × 获得感权重 + 幸福感得分 × 幸福感权重 + 安全感得分 × 安全感权重

客观绩效得分 = 经济运行得分 × 经济运行权重 + 城市活力得分 × 城市活力权重 + 社会民生得分 × 社会民生权重

（3）二级指标得分核算

二级指标得分 = ∑ 末端指标得分 × 末端指标权重，例如：

党委领导得分 = 学历得分 × 学历权重 + 工作年限得分 × 工作年限权重 + 党委表现得分 × 党委表现权重 + 书记调研次数得分 × 书记调研次数权重

经济运行得分 = 地区生产总值得分 × 地区生产总值权重 + 工业用电量得分 × 工业用电量权重 + 存贷款余额得分 × 存贷款余额权重

（五）研究方法特点

1. 数据采集方法多样，满足各类指标数据需求

社会治理评估体系涉及指标数据类型丰富多样，指标数据来源各不相同、采集标准各异，数据采集成为本次项目最重要、难度最大的工作环节之一。课题组针对每个指标的数据需求，确定对应的数据采集方法，形成了基于政府网络信息分析、专业平台数据分析、统计资料分析、专业测评资料分析及问卷调查这 5 种方法的综合采集方案，确保各指标数据均满足可获得性及权威性。

2. 指标赋分方法针对性强，赋分结果可比性强

面对本课题 100 多项内容各异的评估指标带来的数据标准化问题，如如何合成不同指标数据、如何实现指标数据间的可比性、如何使指标数据结果更具现实解读意义等，课题组根据各类指标的原始数据特点、数据应用要求，研究选取了排序赋分法和插值赋分法完成指标赋分处理。针对原始数据波动范围大、数据比较的意义在于定性、数据差额大小意义不明确的指标，统一采用排序赋分法处理；针对原始数据波动范围明确、数据大小本身具有明确含义的指标，统一采用插值赋分法处理。通过上述两种指标赋分方法，实现指标的统一度量，使得最终的指标数据满足合并汇算、指标比较、数据解读等应用需求。

3. 权重设定遵循"客观为主、主观为辅"的原则，指标权重更科学合理

针对本课题评估体系多达 100 多项指标、指标内容覆盖领域广、评估对象达 100 多个城市等特点，基于赋权方法的适用性、可行性及合理性多角度考虑，课题组同时选取了主观赋权法与客观赋权法，并以"客观为主、主观为辅"的思路来完成指标权重的设定。

主观赋权法是根据专家对指标权重的理解、判断、反馈，最后整理、归纳、统计得到指标的主观权重，主观赋权法要求专家对课题内容有全面的认识、对各指标关系有深入理解，并且被评估的指标数量不宜过多。而客观赋权法则是基于各指标之间的内部关联性，利用因子分析与回归分析方法计算得到指标的客观权重。

对于本课题评估体系涉及的第一层指标，包括治理行动、客观绩效、主观绩效这三大维度，该层指标数量相对少、指标含义

简单易懂、指标之间关系明确，适用主观赋权法；而评估体系包含多个层次的指标，具体所涉及的指标数量多、指标内容范围广、指标之间关系复杂，适用客观赋权法。

综合来看，本课题在指标权重设定上主要以客观赋权法为主，指标权重测算结果更科学合理。

四　中国市域社会治理评估结果与分析

（一）总体评估结果

基于上述评估体系框架及测量方法，全国 108 个重点城市的社会治理综合评估结果为 86.1 分。其中，治理行动的平均得分为 87.0 分，治理绩效中的客观绩效与主观绩效的平均得分持平，均为 85.1 分（见图 1－6）。作为"市域社会治理评估"课题的开端，本次总体评估结果可为后续测评研究提供参考基准。

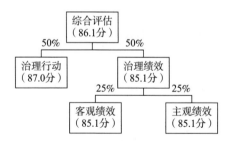

图 1－6　市域社会治理总体评估结果

（二）综合得分排名分析（TOP 20）

综合得分排名 TOP 20 城市主要由东部沿海经济发达城市和中部、西部区域重点城市组成，综合得分均在 90 分以上，各城市社会治理综合表现良好。其中，前十名中除了成都（第九名）外，其余均为东部沿海城市，社会治理水平与经济发展水平高度相关（见图1-7）。

TOP 20城市在各省级行政区（不含直辖市）的分布上，覆盖8个省份，各省份的城市数量分布层次分明。其中，浙江省进入TOP 20的城市最多（5个：杭州市、宁波市、绍兴市、温州市、金华市）；其次是广东省（3个：广州市、深圳市、佛山市）和江苏省（3个：南京市、苏州市、无锡市）；其余的TOP 20城市零散分布在四川省（1个：成都市）、安徽省（1个：合肥市）、湖南省（1个：长沙市）、山西省（1个：太原市）、山东省（1个：青岛市）。

从TOP 20城市的分布情况可知，不同省份的社会治理水平差异显著。浙江省在市域社会治理上总体表现最好，相比其他省份，浙江省内有更多的城市在社会治理上实现同步发展；广东省与江苏省表现突出的城市是本省少数几个经济强市，其余更多的城市有待发力；而四川省、安徽省、湖南省、山西省、山东省在市域社会治理上总体表现相对弱一些，主要以省会为典型的治理标杆城市。

综合排名前五的城市分别为：北京市（97.9分）、杭州市（97.4分）、上海市（96.9分）、南京市（96.7分）、广州市（96.1分）。五城综合得分最大相差1.8分，综合表现差距较小，五个城市治理行动、客观绩效、主观绩效的得分均处于高位且相对接近，各城市的社会治理表现高度同步。

TOP 20城市中排名后五位主要是区域重点城市，各城市在社会治理表现上各有千秋。其中，佛山市作为珠三角经济强市，客观绩效表现突出；长沙市作为中部地区发展迅速的重镇，城市经济发展及居民主观评价良好；重庆市作为唯一非沿海直辖市，城市居民在主观感知评价方面表现突出。

TOP 20	综合得分	治理行动	客观绩效	主观绩效
1. 北京市	97.9	98.3	95.4	99.7
2. 杭州市	97.4	96.7	96.4	100.0
3. 上海市	96.9	96.2	96.9	98.3
4. 南京市	96.7	96.2	95.6	98.9
5. 广州市	96.1	95.5	97.2	96.4
6. 深圳市	95.8	94.5	97.0	96.9
7. 苏州市	95.6	94.2	95.5	98.6
8. 天津市	95.5	94.7	93.3	99.2
9. 成都市	95.1	95.0	93.9	96.7
10. 无锡市	95.1	93.9	94.8	97.8
11. 宁波市	94.8	93.5	95.0	97.2
12. 绍兴市	94.6	93.7	91.5	99.4
13. 合肥市	93.9	93.0	91.6	98.1
14. 温州市	93.3	93.2	91.4	95.6
15. 金华市	93.1	92.1	90.8	97.5
16. 佛山市	92.9	91.7	95.3	92.8
17. 长沙市	92.5	90.5	94.4	94.4
18. 重庆市	92.2	90.8	91.5	95.8
19. 太原市	92.1	92.7	90.5	92.5
20. 青岛市	91.7	90.6	93.7	91.9

图 1-7　TOP 20 城市得分表现

（三）具体城市社会治理表现（TOP 10）

市域社会治理评估以具体城市为评估对象，通过细化分析具体城市在不同维度的表现，可进一步了解城市社会治理现状特点。本节选取综合排名 TOP 10 城市展开分析，以了解典型城市的社会治理表现，以及各城市在不同社会治理维度上的表现差异。

1. 北京市

北京市作为国家政治中心、文化中心、国际交往中心和科技创新中心，在"公众参与""民主协商""法治保障""社会协同""经济运行"方面表现突出。其中，"公众参与"的二级指标

"主体建设"与"参与效果"均排第一,"民主协商"的二级指标"基层协商"与"人大协商"均排第一。在"三感"评价上,居民对"获得感"的感知评价更高(见图1-8)。①

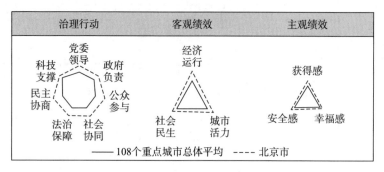

图1-8 各维度得分表现 - 北京市

2. 杭州市

杭州市在治理行动的"法治保障"和"社会协同"方面表现突出,其"法治保障"的二级指标"法治能力"和"警务表现"均排第一(见图1-9)。

随着2020年底国家印发《法治社会建设实施纲要(2020—2025年)》,各地区各部门将陆续结合实际制定、落实举措,加快法治社会建设。同时,社会公众与媒体对法治事件话题的关注热度也空前高涨。从典型案例来看,2020年"中国人脸识别第一案"在杭州发生后,事件通过网络持续发酵并引起法律界专家学者及公众的广泛热议,杭州中院最后对该案件的依法公开宣判,在提升杭州市法治社会形象的同时,定会对全国同类案件形成示范效应。

---

① 主观绩效中的获得感、幸福感、安全感指标得分直接使用了居民的主观评价结果,这样使得分数值更能反映实际评价水平,数据解读更合理;其他维度指标得分使用了标准分结果,下同。

杭州市在客观绩效的"经济运行"和"城市活力"上同样表现突出。其"城市活力"的二级指标"人口增量"排第一。互联网、人工智能等信息技术产业的蓬勃发展，大大提升了杭州市对人才的吸引力，人口流入效应进一步带动社会经济发展。

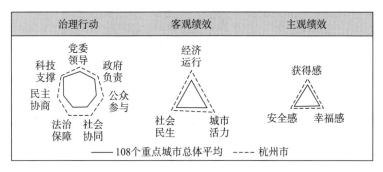

图1-9　各维度得分表现-杭州市

3. 上海市

上海市在"社会协同""法治保障""经济运行""城市活力"方面表现更好（见图1-10）。其中，"法治保障"的二级指标"专业力量"排第一，主要是上海市"万人执业律师数"和"市中级人民法院调解员数"均表现良好。"经济运行"的二级指标"地区生产总值"表现排第一，作为国家经济中心，上海市的经济实力以绝对优势稳居第一梯队，客观绩效总体表现优异。

4. 南京市

南京市在"民主协商""法治保障""社会协同""城市活力"方面表现突出（见图1-11）。其中，"民主协商"的3个二级指标"基层协商"、"人大协商"和"政协协商"得分均在97分以上，表现良好；"城市活力"的二级指标"人均社会商品零售额"得分排第一。

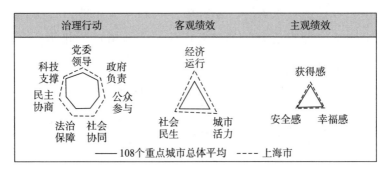

图 1 – 10   各维度得分表现 – 上海市

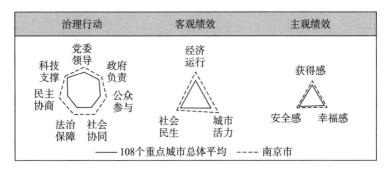

图 1 – 11   各维度得分表现 – 南京市

5. 广州市

广州市在"社会协同""法治保障""城市活力"方面表现较好（见图 1 – 12）。"社会协同"的二级指标"协同效果"得分超过 99 分，主要是"知晓率"和"参与率"得分表现良好；"城市活力"的二级指标"人口增量"和"人均社会商品零售额"得分均排第三。

6. 深圳市

深圳市在"社会协同""法治保障"方面表现较好，但"公众参与"仅略高于平均水平，是治理行动提升的工作方向之一。在客观绩效上，"经济运行""城市活力"均表现突出（见图 1 –

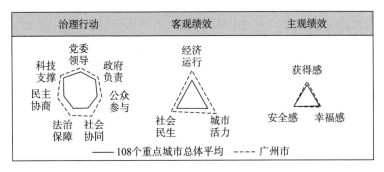

图1-12 各维度得分表现-广州市

13）。深圳的"城市活力"二级指标"人均地区生产总值"和"城镇化率"得分均排第一。

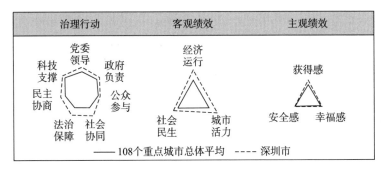

图1-13 各维度得分表现-深圳市

7. 苏州市

苏州市治理行动7项指标的表现均超过平均水平，其中"民主协商"表现相对较好。客观绩效总体表现良好，其中"经济运行"表现更突出，主观绩效中的"获得感"表现相对较好（见图1-14）。

苏州市"经济运行"的二级指标"工业用电量"得分表现排全国第一。苏州市作为中国第一大工业城市，工业经济是其社会经济发展支柱，是其客观绩效表现良好的重要保障。

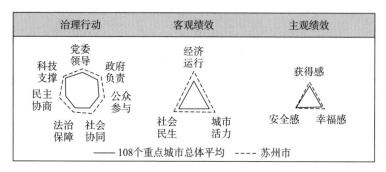

图1-14 各维度得分表现-苏州市

8. 天津市

天津市治理行动7项指标的表现参差不齐，其中"民主协商"表现相对较突出，而"科技支撑"较接近总体平均水平。在客观绩效上，"经济运行"表现更突出（见图1-15）。其"民主协商"的二级指标"基层协商"和"政协协商"得分表现均排全国第二。

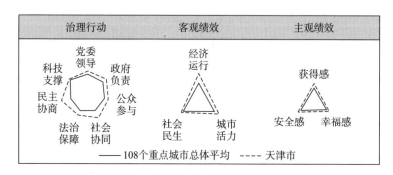

图1-15 各维度得分表现-天津市

9. 成都市

成都市在治理行动的各项指标上表现差异较大，"公众参与"表现突出，而"政府负责"的得分表现则接近总体平均水平。客观绩效中的"经济运行"和"城市活力"表现良好（见图1-

16）。"公众参与"的二级指标"参与效果""主体建设"得分表现分列全国第二、第三。

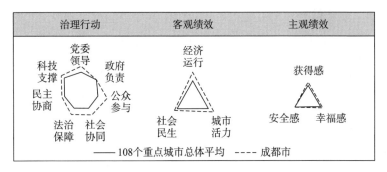

图 1 – 16　各维度得分表现 – 成都市

10. 无锡市

无锡市在"民主协商"方面表现相对较好，但"科技支撑"与"政府负责"表现则接近总体平均水平。客观绩效总体表现良好，其中"经济运行""城市活力"表现相对更好。而主观绩效的"三感"评价表现均仅略高于总体平均水平（见图 1 – 17）。

"城市活力"二级指标"人均地区生产总值"得分表现排全国第二，仅次于深圳市。

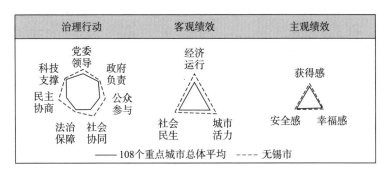

图 1 – 17　各维度得分表现 – 无锡市

（四）主客观绩效得分排名分析（TOP 10）

1. 经济运行

经济运行排名前十城市总体得分在 96.7～99.8 分，分别是上海市、深圳市、重庆市、苏州市、广州市、北京市、杭州市、天津市、宁波市、南京市。四大一线城市均排在前十名，依次分别是上海市（第一名）、深圳市（第二名）、广州市（第五名）、北京市（第六名），其中两个城市分别位于第一、二名（见图 1-18）。上海市是国际经济、金融和贸易中心，同时在长江经济带中起"带头"作用，经济实力雄厚，所以在经济运行中表现突出，各项指标无明显短板，位列第一。

从指标来看，前十名城市各项指标得分均相对较高。其中，在"地区生产总值"上排名第一的是上海市，在"工业用电量"上排名第一的是苏州市，而在"存贷款余额"上排名第一的是北京市。

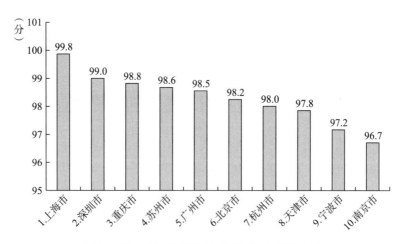

图 1-18 "经济运行"得分排名 TOP 10

2. 城市活力

城市活力排名前十城市总体得分在95.5~98.9分，分别是广州市、深圳市、南京市、武汉市、杭州市、上海市、佛山市、长沙市、宁波市、青岛市，主要分布在沿海地区、两湖地区。四大一线城市中，北京市排在前十名之外，广州市和深圳市分别排第一、二位，得分仅差0.1分，而上海市排在第六位（见图1-19）。

从指标来看，各项指标得分均相对较高。其中，深圳市除"人均社会商品零售额"外，其余指标均名列前茅，"人均地区生产总值""城镇化率"表现突出。

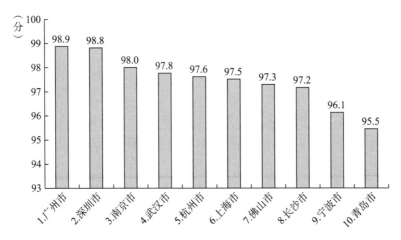

图1-19　"城市活力"得分排名 TOP 10

3. 社会民生

社会民生排名前十城市总体得分在92.1~93.4分，分别是广州市、金华市、长沙市、杭州市、苏州市、昆明市、北京市、上海市、深圳市、温州市，主要分布在东部地区（见图1-20）。

从指标来看，"万人中小学教师人数"各市得分均较低，部分城市如杭州市、北京市、上海市得分低于75分，有待提高。上海市在"人均可支配收入""人均消费性支出"指标上排名第一。

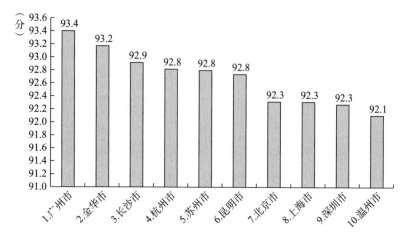

图 1-20 "社会民生"得分排名 TOP 10

4. 获得感

获得感排名前十城市总体得分在 83.1~86.9 分，最大分差为 3.8 分，具体城市分别是杭州市、北京市、天津市、深圳市、苏州市、南京市、绍兴市、上海市、宁波市、广州市，主要分布在京津冀、长三角和珠三角地区（见图 1-21）。在排名前十城市里，"收入增加""就业服务"得分相对较低。其中，杭州市总体得分位列第一，各项指标得分均相对较高；深圳市在"生活便利"上表现较好，而在"优质教育""基本医疗""收入增加"上表现欠佳；广州市总体得分排名第十，"生活便利"得分较高，"收入增加""就业服务"得分相对偏低，其余指标得分比较平均。

5. 幸福感

幸福感排名前十城市总体得分在 82.8~86.1 分，最大分差为 3.3 分，具体城市分别是杭州市、苏州市、绍兴市、天津市、南京市、北京市、合肥市、成都市、上海市、昆明市，主要分布在京津冀、长三角及西部地区，其中杭州市总体得分最高，位列第

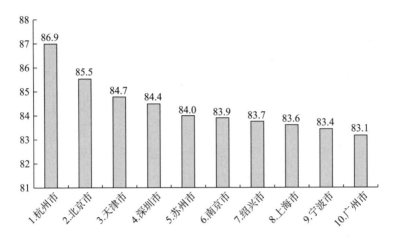

图 1 – 21 "获得感"得分排名 TOP 10

一，各项指标得分均在 80 分以上，表现良好（见图 1 – 22）。排名前十城市里，苏州市、合肥市、成都市、昆明市的"收入水平"得分均低于 75 分，是这几个城市的弱项。苏州幸福感总体得分第二，但"收入水平""精神心理状态""生活质量""居住品质""职业现状"五项指标得分均低于 80 分，表现相对较弱。

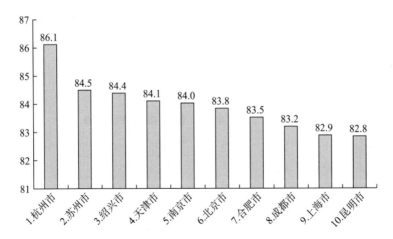

图 1 – 22 "幸福感"得分排名 TOP 10

6. 安全感

安全感排名前十城市总体得分在 84.7～87.1 分，最大分差为 2.4 分，具体城市分别是杭州市、绍兴市、北京市、天津市、南京市、金华市、泉州市、合肥市、南通市、菏泽市，主要分布在京津冀、长三角地区（见图 1－23）。杭州市、绍兴市、北京市排名前三，主要是因为三个城市的"食品安全""交通安全""治安安全""信息安全"得分相对较高，且"生态安全""公共卫生安全"得分均在 75 分以上。天津市虽然总体得分排名靠前，但"生态安全""公共卫生安全""治安安全"得分均低于 80 分，有待提高。

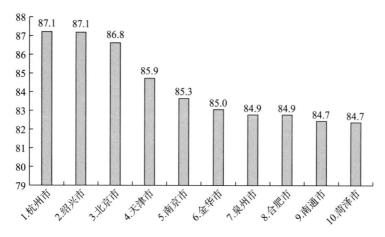

图 1－23 "安全感"得分排名 TOP 10

（五）分组比较分析

从地域分布来看，108 个重点城市覆盖了全国 31 个省级行政区域，包括 22 个省份、5 个自治区、4 个直辖市，不同城市之间地域文化、经济水平、人口规模、政府政策、法治保障等方面均存在较大差异，本次针对市域的社会治理评估，除了从市域总体和城市单元来看评估结果的差异之外，也尝试从城市分组的角度来分析不同类别的城市在社会治理上的异同情况。

目前考虑的重点城市分组依据主要有以下三种：地区、行政等级、常住人口规模（见图 1–24）。

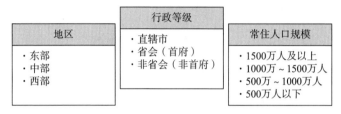

图 1–24　重点城市分组依据

1. 分组比较分析–按地区：东部治理领先，如何带动中西部治理发展值得探索

国家统计局依据区域经济发展水平与地理位置分布情况，将大陆区域划分为三大经济地区，各个经济地区由于自然条件和资源状况不同，其经济形态、社会发展水平差异较大。基于所属地区进行分组，以了解不同地区的组别间的评估结果情况。

（1）综合比较

不同地区之间，社会治理综合表现依次呈东部、西部、中部排列。东部地区由直辖市和沿海经济发达省份组成，治理优势明显。相对而言，西部地区总体上经济欠发达、城市人口规模相对较小，但该地区的重点城市以省会和自治区首府居多，社会治理资源也相对较多，其综合得分结果表现好于中部地区。中部地区的重点城市则以人口规模较大、经济欠发达的非省会城市为主，城市人口压力大、经济发展乏力、行政管理资源有限等问题制约着中部地区的社会治理发展，其综合得分结果表现相对落后（见图 1–25）。

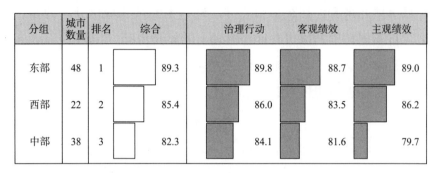

分组	城市数量	排名	综合	治理行动	客观绩效	主观绩效
东部	48	1	89.3	89.8	88.7	89.0
西部	22	2	85.4	86.0	83.5	86.2
中部	38	3	82.3	84.1	81.6	79.7

图1-25 地区分组数据结果-综合

（2）治理行动比较

东部地区治理行动的总体表现领先于中西部，尤其是在"民主协商""社会协同""法治保障"方面，东部地区的领先优势更明显。中部地区在"社会协同""公众参与"方面表现相对薄弱（见图1-26）。

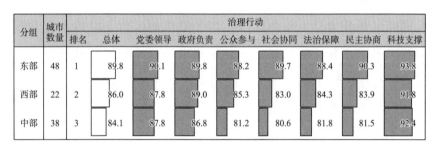

分组	城市数量	排名	治理行动							
			总体	党委领导	政府负责	公众参与	社会协同	法治保障	民主协商	科技支撑
东部	48	1	89.8	90.1	89.8	88.2	89.7	88.4	90.3	93.8
西部	22	2	86.0	87.8	89.0	85.3	83.0	84.3	83.9	91.8
中部	38	3	84.1	87.8	86.8	81.2	80.6	81.8	81.5	92.4

图1-26 地区分组数据结果-治理行动

（3）客观绩效比较

客观绩效主要体现为经济和社会发展水平，东部地区城市经济发展优势突出，客观绩效全方位领先于中西部。中部地区在"经济运行""城市活力""社会民生"方面的表现均相对落后，反映中部地区城市在经济发展、人口吸引力、城镇化、医疗教育资源等多方面面临较大压力（见图1-27）。

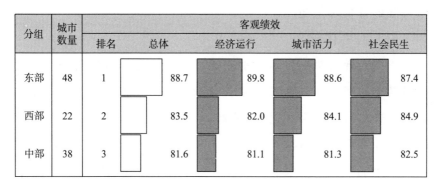

分组	城市数量	客观绩效							
		排名	总体		经济运行		城市活力		社会民生
东部	48	1		88.7		89.8		88.6	87.4
西部	22	2		83.5		82.0		84.1	84.9
中部	38	3		81.6		81.1		81.3	82.5

图 1 - 27 地区分组数据结果 - 客观绩效

（4）主观绩效比较

东部地区主观绩效的表现依然处于领先地位，其中"获得感"相对更突出。中部地区在"获得感"与"幸福感"方面表现相对较弱，跟城市居民对收入、就业、人际关系、教育、医疗等方面的感知评价较低息息相关（见图 1 - 28）。

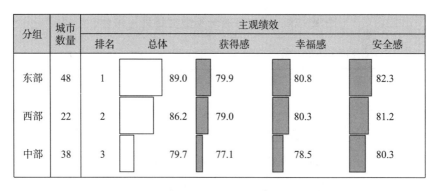

分组	城市数量	主观绩效							
		排名	总体		获得感		幸福感		安全感
东部	48	1		89.0	79.9		80.8		82.3
西部	22	2		86.2	79.0		80.3		81.2
中部	38	3		79.7	77.1		78.5		80.3

图 1 - 28 地区分组数据结果 - 主观绩效

2. 分组比较分析 - 按行政等级：直辖市治理表现突出，非省会（首府）存在多项治理短板

省级行政区的下一层区划是具体的城市行政等级，不同的行政等级代表城市各项社会资源存在差异，在社会治理的表现上也各不相同。基于行政等级进行分组，以了解不同城市行政等级的

组别间的评估结果情况。

（1）综合比较

不同行政等级的城市组别之间，社会治理综合表现呈更明显的阶梯分布特点：直辖市、省会（首府）、非省会（首府）依次拉开5分左右的差距（见图1-29）。直辖市与非省会（首府）差距明显，如何发挥直辖市的示范效应，为表现相对落后的城市提供可借鉴的社会治理经验将成为一个重要的社会治理发展课题。

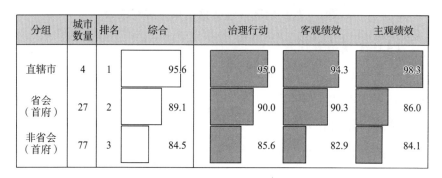

分组	城市数量	排名	综合	治理行动	客观绩效	主观绩效
直辖市	4	1	95.6	95.0	94.3	98.3
省会（首府）	27	2	89.1	90.0	90.3	86.0
非省会（首府）	77	3	84.5	85.6	82.9	84.1

图1-29　行政等级分组数据结果-综合

（2）治理行动比较

在治理行动方面，直辖市总体得分明显高于其他组别，但在"公众参与"上仍然有待继续投入。省会（首府）城市在治理行动的各项指标上表现比较均匀。非省会（首府）城市除了"科技支撑"表现相对良好之外，其余指标表现普遍较弱，在"公众参与""社会协同""法治保障"方面的表现弱势更明显（见图1-30）。

（3）客观绩效比较

直辖市与非省会（首府）城市在客观绩效维度的表现拉开了更大的差距，主要在于两者在人口规模、经济体量、财政实力等方面相差甚远。其中，直辖市的"经济运行"遥遥领先，"社会

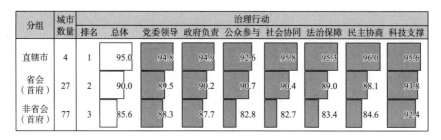

分组	城市数量	排名	总体	治理行动						
				党委领导	政府负责	公众参与	社会协同	法治保障	民主协商	科技支撑
直辖市	4	1	95.0	94.8	94.9	92.6	95.8	95.3	96.0	95.6
省会（首府）	27	2	90.0	89.5	90.2	90.7	90.4	89.0	88.1	93.8
非省会（首府）	77	3	85.6	88.3	87.7	82.8	82.7	83.4	84.6	92.4

图 1－30　行政等级分组数据结果－治理行动

民生"表现存在薄弱环节。对省会（首府）城市而言，"城市活力"表现相对突出，人口流向省会（首府）城市的聚集效应明显，城镇化率高，人口的流动与聚集带动省会（首府）城市经济活力不断提升（见图 1－31）。

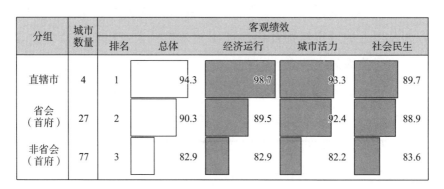

分组	城市数量	排名	总体	客观绩效		
				经济运行	城市活力	社会民生
直辖市	4	1	94.3	98.7	93.3	89.7
省会（首府）	27	2	90.3	89.5	92.4	88.9
非省会（首府）	77	3	82.9	82.9	82.2	83.6

图 1－31　行政等级分组数据结果－客观绩效

（4）主观绩效比较

直辖市主观绩效的总体表现遥遥领先于省会（首府）与非省会（首府）城市，而省会（首府）与非省会（首府）城市的主观绩效表现差距较小。其中，直辖市在"安全感"方面的表现更突出，非省会（首府）城市在"获得感"与"幸福感"方面表现出更明显的弱势。直辖市的经济发达、交通便利、职业发展空间大、教育医疗资源优质、公共资源丰富等因素，影响着居民对

"三感"的感知，居民对"获得感""幸福感""安全感"的主观评价相应更高（见图1－32）。

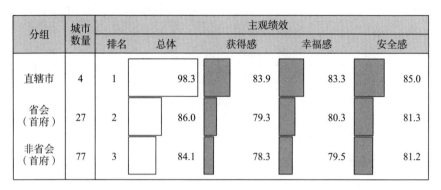

分组	城市数量	主观绩效				
		排名	总体	获得感	幸福感	安全感
直辖市	4	1	98.3	83.9	83.3	85.0
省会（首府）	27	2	86.0	79.3	80.3	81.3
非省会（首府）	77	3	84.1	78.3	79.5	81.2

图1－32 行政等级分组数据结果－主观绩效

3. 分组比较分析－按常住人口规模：组间差异显著，1500万人及以上的城市组别社会治理明显领先；人口小城的社会治理提升路径值得思考探索

城市的社会治理最终服务于人，不同人口规模的城市，对社会治理行动提出了不同的要求，社会治理绩效也各有差异。基于城市常住人口规模进行分组，以了解不同人口规模的城市组别间的评估结果情况。本节所使用的常住人口规模数据，为国家统计局公布的2019年度数据结果。

（1）综合比较

不同常住人口规模的城市组别之间，社会治理表现成阶梯状分布，常住人口规模越大，治理表现越好，差异相对明显。其中，1500万人及以上的城市组别的综合表现明显优于其他组别（见图1－33）。1500万人及以上的城市组别由4个直辖市、成都市和广州市组成，各城市在政府治理行动、社会经济发展等方面均处于国内领先水平（见图1－34）。

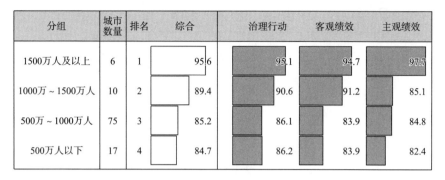

分组	城市数量	排名	综合		治理行动	客观绩效	主观绩效
1500万人及以上	6	1		95.6	95.1	94.7	97.7
1000万~1500万人	10	2		89.4	90.6	91.2	85.1
500万~1000万人	75	3		85.2	86.1	83.9	84.8
500万人以下	17	4		84.7	86.2	83.9	82.4

图1-33　常住人口规模分组数据结果-综合

从常住人口规模与社会治理综合得分的数据变化趋势来看，一方面，社会治理表现与常住人口规模的相关性较强，总体上人口规模越大的城市，其社会治理的综合表现也趋向更好（见图1-34）。另一方面，像绍兴、太原、金华等人口规模在500万~1000万人的城市，其社会治理表现在全国排进前二十名，而像南阳等人口规模超过1000万人的城市，其社会治理表现在全国排在后五十名的位置。说明社会治理是一项复杂工程，受到诸多维度因素的影响，不论人口规模的大与小，如何找到适合本市的提升社会治理的路径，更值得各城市进一步思考与探索。

（2）治理行动比较

1500万人及以上组别治理行动总体得分明显领先于其他组别，在各指标上表现较均匀、良好；500万~1000万人组别与500万人以下组别在治理行动上的表现相对靠后且水平接近。500万人以下组别在"法治保障"与"社会协同"上表现欠佳（见图1-35）。

根据分组标准和治理行动数据结果来看，1000万常住人口成为政府治理行动表现的分水岭。

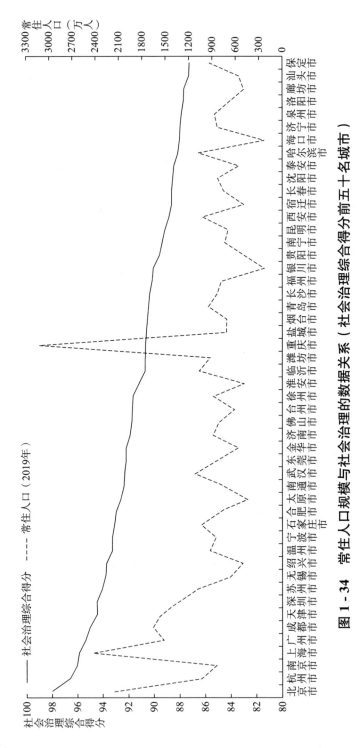

图 1-34　常住人口规模与社会治理的数据关系（社会治理综合得分前五十名城市）

分组	城市数量	排名	总体	治理行动						
				党委领导	政府负责	公众参与	社会协同	法治保障	民主协商	科技支撑
1500万人及以上	6	1	95.1	95.3	93.7	93.7	96.2	95.4	94.9	96.5
1000万～1500万人	10	2	90.6	90.3	90.5	89.9	91.1	90.9	89.1	94.3
500万～1000万人	75	4	86.1	88.2	87.9	83.6	83.9	84.3	84.9	92.7
500万人以下	17	3	86.2	88.8	88.7	86.1	83.1	82.6	85.3	91.5

图 1－35　常住人口规模分组数据结果－治理行动

（3）客观绩效比较

1500 万人及以上组别客观绩效表现依然全面领先于其他组别，500 万～1000 万人组别与 500 万人以下组别总体表现接近，其中 500 万人以下组别城市主要是中部和西部城市，社会经济水平相对落后，"经济运行"表现较弱（见图 1－36）。

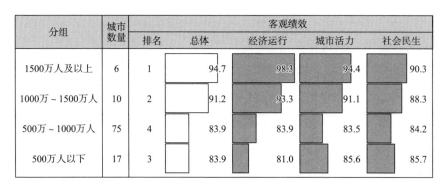

分组	城市数量	排名	总体	客观绩效		
				经济运行	城市活力	社会民生
1500万人及以上	6	1	94.7	98.3	94.4	90.3
1000万～1500万人	10	2	91.2	93.3	91.1	88.3
500万～1000万人	75	4	83.9	83.9	83.5	84.2
500万人以下	17	3	83.9	81.0	85.6	85.7

图 1－36　常住人口规模分组数据结果－客观绩效

（4）主观绩效比较

1500 万人及以上组别的主观绩效表现一枝独秀，远远领先于其他三组（见图 1－37）。同样说明了人口规模越大，城市各方面发展越健全，城市居民对获得感、幸福感、安全感的整体感知也更强烈、更正面。

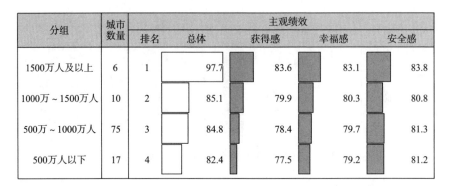

分组	城市数量	主观绩效				
		排名	总体	获得感	幸福感	安全感
1500万人及以上	6	1	97.7	83.6	83.1	83.8
1000万～1500万人	10	2	85.1	79.9	80.3	80.8
500万～1000万人	75	3	84.8	78.4	79.7	81.3
500万人以下	17	4	82.4	77.5	79.2	81.2

图 1－37　常住人口规模分组数据结果－主观绩效

第二章 "党委领导"建设情况评估[*]

一 指标设计与测量

（一）指标设计

能力是工作的基础，工作是能力的体现。因此，在本研究中，基于理论参考及测量的可行性考虑，结合地方党委领导的工作内容，认为市域社会治理中地方党委领导应从领导能力和领导工作两个方面进行测量，其中，领导能力可通过党委班子整体素质，如党委领导的受教育程度和工作经历来体现，领导工作则主要通过党委表现和调研工作来体现。

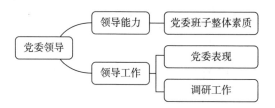

图 2－1 "党委领导"指标体系

＊ 执笔人：张梓妍、陈那波。

（1）领导能力

领导能力是指产生绩效的能力，即知识和技能。知识和技能可以演化成很多种能力，但最基本的是做事的能力和为人的能力，做事的能力集中表现在决策能力和执行能力上，为人的能力是指通过协调众人的努力完成既定目标。[①] 在社会治理中，党委领导的领导能力主要体现在党委班子整体素质上。

党委班子整体素质是指班子成员分析问题、解决问题及预见问题所拥有的知识和能力，一般由班子成员的年龄、受教育程度、任期、之前的职位等影响和决定。[②] 在本报告中，党委班子整体素质的具体测量则体现在班子成员的受教育程度和工作年限上。受教育程度能够在一定程度上反映一把手的知识结构、学习能力、眼界，工作年限能够体现一把手分析问题、解决问题的能力和实践经验。具体而言，受教育程度是指市委书记、市委副书记（市长）平均受教育年限；工作年限是指市委书记、市委副书记（市长）平均参加工作年限。

（2）领导工作

领导工作是党委领导能力与市域社会治理环境及其他相关主体互动结果的体现，也是党委实质性参与市域社会治理的重要途径。党委组织通过领导工作来为市域社会治理规划蓝图、指定方向。对于领导工作，可以通过"党委表现"和"调研工作"两个三级指标来评估。

"党委表现"层面，党的十八大之后，党建工作受到极大重视，开展党建工作有利于调动党委组织工作的积极性，保障工作

---

① 竺乾威：《国家治理现代化与领导能力提升》，《理论探讨》2016 年第 6 期，第 22 ~ 28 页。

② 朱旭峰、张友浪：《创新与扩散：新型行政审批制度在中国城市的兴起》，《管理世界》2015 年第 10 期，第 91 ~ 105、116 页。

的公开透明、合理有效。党建引领是我国社会治理体制的要求，也是推进治理体系和治理能力现代化的根本保证，政党组织的功能对内体现在党内组织管理与党员教育管理方面，对外则体现在社会功能、国家功能、国家与社会中介功能三个方面。① 为人民服务是党的宗旨，人民满意度是检验党委工作的试金石。人民满意度的高低，能够反映出党委在社会治理过程中相关表现所获得的认可程度。通过满意度调查问卷，可以获知党员对党委领导工作的认可评分，从而评估党委表现的好坏。

"调研工作"层面关注的是党委领导注意力与社会治理之间的关联。在中国的治理体制下，党委的支撑程度在社会治理领域起重要作用，市委一把手注意力分配越多，则推进的可能性越大。领导工作指标下的调研工作能够体现以市委书记为核心的领导集体对市域社会治理的重视程度，反映的是市委书记等对社会治理领域所担负的责任。② 市委是否以实际行动表明其对市域社会治理的重视和参与，最能直接对此进行反映的就是基层调研次数，即市委书记年度下基层（县、区以下行政单位）调研次数，包括重点工作调研和党建调研。在大宣传背景下，这类活动理应在政府门户网站、党建网等网站得到报道。

（二）数据来源

在中国，党领导一切，党委领导是市域社会治理的首要部分，党委领导在市域社会治理评分中占比最高。市委书记的受教育年限和参加工作年限通过在各市政府网站上搜"市委书记"，

---

① 陈丽君、郁建兴、董瑛：《中国县域社会治理指数模型的构建》，《浙江社会科学》2020 年第 8 期，第 45～52 页。

② 张德友、李涛：《关于领导责任制度建设的思考》，《政治学研究》2009 年第 4 期，第 14～23 页。

搜索到最新的报道，聚焦市委书记名字，再到百度搜索"××市委书记"，确定基本信息后，得出受教育年限和参加工作年限。市委副书记的做法与以上相同，然后取两者的平均数，得出市委领导的平均受教育年限和平均参加工作年限。

党委表现是党员对党委领导工作的认可评分，由于这是主观的看法，难以用客观数据测量，因此选择问卷调查对其进行测量。党委评估通过满意度评分表现。

基层调研次数的数据通过以下方式获取。一方面，在"××市政府"官网搜索"市委书记下基层"或"市委书记调研"字样，查看所得记录，挑选2019年的相关报道，如果符合条件，则记录"有"，同时详细查看每一条记录，剔除时间地点人物相同的重复报道；另一方面，在"××市党建网"或"××市机关党建网"中查询"市委书记下基层"或"市委书记调研"等字样，查看所得记录，挑选2019年的相关报道，如果符合条件，则记录"有"，同时详细查看每一条记录，剔除时间地点人物相同的重复报道。这两种方法搜索出来的记录可能还会有重复，因此需要更进一步剔除重复，最后得到的次数算为××市委书记下基层调研的次数。

判断标准：以"市委书记"＋"调研""视察""慰问""走访""基层"等作为搜索关键词，如果报道里出现以下等表述就算作关于社会治理的调研（根据党的十九大报告第八小节"提高保障和改善民生水平，加强和创新社会治理"和《国家基本公共服务体系"十二五"规划》整理）：共建共治共享的社会治理格局，党建、社会协同与参与、法治保障（科学立法、严格执法、公正司法、全民守法、纠纷调解、社会信用体系）、科技支撑（如智慧政务）、安全生产、应急管理、社会治安、社区心理服务体系、发展社会组织；教育，教育事业发展（课程改革、学校建设、教育质量）、教育公平、教育资助、尊师重教；就业和人民收入，促进就业、人才要素自由流动、劳务关系、拓宽居民合法收入渠道、基本公共服务均等化；法治保障，科学立法、严格执法、公正司法、全民守法、纠纷调解、社会信用体系；健康，疫情防控、现代医院管理、基层医疗卫生服务（预防、治疗、康复、健康促进等）、医生队伍、药品安全与保障、医养结合、爱国卫生运动、中医药传承、推进社会办医；脱贫，扶贫攻坚；国家安全，政治安全、国土安全、军事安全、经济安全、文化安全、社会安全、科技安全、网络安全、生态安全、资源安全、核安全、海外利益安全、生物安全、太空安全、极地安全、深海安全；文化体育发展，文化自信（革命文化、社会主义文化）、文化事业和文化产业、公共空间设施、公益性文化服务、文化遗产保护、基本广播电视和应急广播服务、群众体育（体育锻炼、体育竞技）。调研评分通过排序赋分法进行排名。

表 2-1 "党委领导"指标的数据来源

二级指标	三级指标	指标解读	数据来源
领导能力	党委班子整体素质	市委书记、市委副书记（市长）平均受教育年限	网站搜索
		市委书记、市委副书记（市长）平均参加工作年限	
领导工作	党委表现	党员对党委领导工作的认可评分	调查问卷
	调研工作	市委书记年度下基层调研次数（重点工作调研、党建调研）	网站搜索

二 "党委领导"建设情况评估结果

(一) 总体排名与分析

从单个城市"党委领导"排名情况看,前十名城市并无明显的地域聚集现象,各地区基本都有涉及。首先,党委领导得分与经济发展水平相关联,北上广深等一线城市的党委领导得分排名稳居前十,这或许与其经济发展水平相关,经济发展水平高,党委班子有更多的注意力和资源可以分配到社会治理领域。其次,排名前十里既有成都、南京、银川、杭州等省会(首府)城市,也有南通、宿迁等地级城市(见图2-2)。但值得注意的是这两个地级市均为江苏省的地级市,这表明江苏省在社会治理中党委领导部分做得较好,领导能力强、党员满意度高。最后,前十名里没有中部地区的城市,这应该引起注意,相比之下,中部地区应加强党委领导在社会治理中的作用。在108座城市中,得分较低的城市,既有东部城市,也有中部、西部城市,这表明在某些城市,党委在推进社会治理工作方面还有待加强。

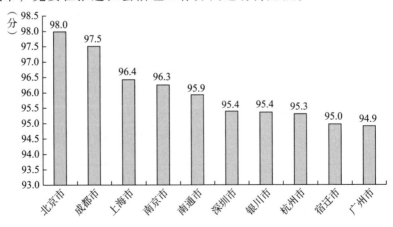

图2-2 "党委领导"指标得分前十名的城市

（二）二级指标排名与分析

从"领导能力"得分情况看，东部、中部、西部城市得分差异不大，分布都较为均匀（见图2-3）。这可能是由于各市一把手学历和工作经历都处于差不多的水平，而这与中国官场的晋升规则（学历和年龄的要求）是相符合的。

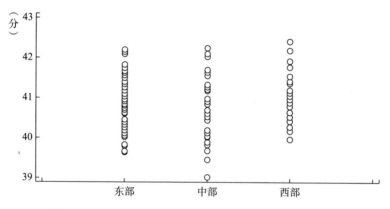

图2-3 关于"领导能力"的不同地区得分散点

从"领导工作"得分情况来看，东部得分最佳，中部次之，西部得分相对较低。东部城市，领导工作得分大都在45分以上，分布较为密集，少数几个城市在45分以下。整体而言，评分跨度较大，表明东部地区的领导工作评分有高有低，社会治理水平参差不齐。中部城市领导工作评分集中分布在45～50分，有少数城市高于50分，也有几个城市低于45分，表明中部地区的领导工作水平处于中等位置。西部地区城市领导工作得分呈现零散分布，主要相对平均地分布在40～45分和45～50分两档，领导工作得分相对较低，有较大的提升空间（见图2-4）。两个突出的点是四川省成都市和宁夏回族自治区银川市。近年来，成都市发展迅猛，且有独特的川蜀文化，是全国宜居城市之一，领导人注重调研工作,党员评议得分较高。银川市的党员评议和基层调研工作得分均较高,政府网站对基层调研工作宣传到位,银川市具有一定的发展潜力。

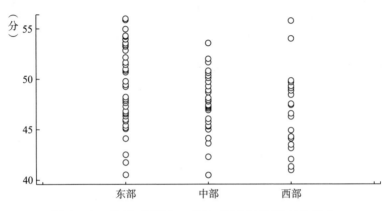

图 2-4 关于"领导工作"的不同地区得分散点

三 存在的问题与政策建议

数据表明,大多数评分较低的城市是因为党委表现和基层调研工作得分较低,党员满意度不高。因而各城市在后续社会治理中,应加强党委工作,多与党员交流沟通,听取有关意见。同时,提高领导的基层调研频率,确保领导了解群众在教育、医疗、收入与就业、文化体育等各方面存在的问题和困难,时刻心系老百姓,并致力于解决实际问题,做到情为民所系、权为民所用、利为民所谋。

在东部率先、中部崛起、西部开发、东北振兴的发展战略过程中,不应仅关注东部率先,也应做到中部崛起、西部开发和东北振兴齐头并进,党委领导在每一个地区的统筹作用都不可忽视,各地应结合评估得分,明确优势、发现短板、制定措施,切实提高领导能力、夯实领导工作,真正发挥党委领导的作用。

第三章 "政府负责"建设情况评估[*]

一 指标设计与测量

（一）指标设计

面对新时代社会治理的要求，"政府负责"意味着政府对治理方向盘的掌控以及对最终责任的承担，在充分研判社会发展趋势的基础上，做出有利于市域长远发展的制度性设计，并对社会治理工作加以全局性的统筹管理。[①] 这需要政府具备敢于担当的责任意识、同新时期社会治理要求相适配的治理能力，以及采取确保社会治理工作落到实处的有效举措。基于上述思路，本报告的"政府负责"维度在将政府作为一个完整主体的同时，对政府在社会治理中发挥的作用加以系统性测量，构建了"主体责任""能力素质""治理行动"三个维度的评估指标，并将一般的治理绩效评价指标内容，即经济、民生等建设情况归入客观绩效指标，从而聚焦于政府在社会治理中扮演的角色，从责任意识、治

＊ 执笔人：黄筱茜、陈那波。

① 李立国：《加快向现代社会治理转变——深入学习习近平同志关于全面深化改革的重要论述》，《人民日报》2014年2月27日，第7版。

理能力和实际行动三个层面评估地方政府在社会治理中所发挥的作用（见图 3 - 1）。

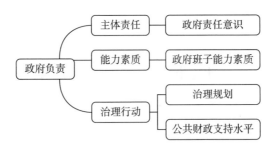

图 3 - 1 "政府负责"指标体系

（1）主体责任

主体责任即政府对社会治理责任的积极承担，是履行社会治理职责的主观意愿。政府能否对人民负责被认为是区分传统政府和现代政府的标志。[1] 政府工作往往将思想站位摆在首要位置，政府具备充分的责任意识，是确保市域社会治理朝目标水平持续前进的前提条件，也是衡量政府社会治理责任承担的首要步骤。在中国的治理体制下，政府领导班子尤其是一把手在政府工作中起到关键作用，一项工作得到领导干部越多关注，越可能得到有效的推进。因此，我们通过考察市长年度下基层（县、区以下行政单位）开展社会治理相关调研的次数，来评估地方政府对市域社会治理现代化工作的重视程度和责任意识。

（2）能力素质

政府责任的实现，不仅意味着政府职责的合理授予和承担，也意味着政府责任的有效履行，[2] 其履职能力是不可或缺的保障性要素。党的十九届四中全会《决定》提出"把提高治理能力作

---

① 张贤明：《政府治理现代化的责任逻辑与结构体系》，《光明日报》2020 年 1 月 21 日。
② 张贤明：《政府治理现代化的责任逻辑与结构体系》，《光明日报》2020 年 1 月 21 日。

为新时代干部队伍建设的重大任务",干部队伍作为政府体系的中坚力量,其是否具有良好的能力素质,将对一级政府的治理能力和治理水平产生较大影响。随着社会环境愈发复杂多变,干部队伍的知识化、专业化水平将进一步决定社会治理工作的科学性和有效性,也决定着政府责任能否落到实处。[①] 因此,一支素质过硬的干部队伍不仅要具备良好的思想政治素养,还需要接受踏实的实践锻炼和专业训练。因此,我们选取了"市政府领导班子平均受教育年限"和"市政府领导班子平均参加工作年限"对地方政府领导班子能力素质加以测量,前者代表领导班子的专业知识水平,后者反映领导班子的实践历练程度。

(3)治理行动

将理念化于实践,制订科学化精细化的行动计划,并确保各项行动能够依计划开展,是实现政府社会治理责任的最后一步。这要求政府将创新和发展社会治理的思想贯彻到地方发展规划,使地方沿着社会治理现代化的方向推进,同时确保各项工作的推进过程有充分的资源支持,促使治理目标落到实处。因此,我们选取了"治理规划"和"公共财政支持水平"两个三级指标对政府治理行动开展情况加以衡量。

①治理规划

新时代的社会治理目标的实现需要政府具备主动性和前瞻性,主动审视外在环境变化和社会发展要求。[②] 政府规划文件通常包括一个时期内地方的主要发展目标和任务,是地方政府编制和实施各类计划以及制定政策、安排项目和资金的重要依据,国

---

① 《加强新时代干部队伍建设(新知新觉)》,人民网,2020 年 7 月 29 日,https://baijia-hao. baidu. com/s?id=1673499738211532762&wfr=spider&for=pc。

② 崔吉磊:《人民日报专题深思:全面提高政府社会治理能力》,人民网,2015 年 7 月 20 日,http://opinion. people. com. cn/n/2015/0720/c1003 - 27327537. html。

民经济和社会发展规划纲要作为地方经济社会发展的总体规划，更是起到为地方未来五年提供行动纲领的作用。三级指标"治理规划"旨在考察地方政府是否具备适应新时代社会治理要求的主动性和前瞻性。我们考察了各市是否制订了"国民经济和社会发展第十三个五年规划"，并对各地"十三五"规划纲要中有关社会治理的内容进行了梳理，包括规划中是否包含关于社会治理工作的专门章节或板块与有关内容①出现次数，以反映社会治理工作规划的完备性；考察各地社会治理有关工作的规划完备性及规划质量，进而体现地方开展治理行动的系统性水平及所具备的制度性保障水平。

②公共财政支持水平

社会治理工作中，公共财政支持水平反映政府资源投入的多少。我们选择了教育支出和科学技术支出数据来反映地方财政对社会治理工作的支持程度。其中，公共教育服务是实现人的终身发展的基础，是与人民群众最关心、最直接、最现实的切身利益相关的基本公共服务，将教育事业放在优先位置是优化政府社会治理的重要内容，关系到人民群众能否共享社会发展成果。科学技术的蓬勃兴起则深刻改变了社会治理的内涵、方式与手段，是增强治理工作预见性、科学性和时效性的重要抓手。加大科技发展投入力度，发挥科技加强和创新社会治理的支撑作用，同样是政府社会治理工作的题中之义。因此教育支出和科学技术支出能在一定程度上代表政府对社会治理资源投入的情况，本报告选用"人均科学技术支出与教育支出""科学技术支出与教育支出占一般公共

---

① 根据党的十九大报告第八小节"提高保障和改善民生水平，加强和创新社会治理"和《国家基本公共服务体系"十二五"规划》整理，如规划中出现社会治理、教育、就业、社保、健康、脱贫、国家安全的有关表述，即可算作社会治理相关的规划内容。

预算支出比重"来反映地方对社会治理的公共财政支持水平。

（二）数据来源

政府"主体责任"方面的指标有一定的量化难度，该维度的指标带有主观性，直接测量有关主体责任意识的难度大，因此本报告借助政府领导的实际行动来反映其责任意识，这使运用客观且比较容易获取的网上数据成为可能。"主体责任"的数据收集方法是，在网站内搜索 2018 年 1 月 1 日至 2020 年 12 月 31 日市长下基层（县、区以下行政单位）开展社会治理有关调研的有关报道，对照社会治理内容界定，记录符合条件的报道①，去除时间、地点、人物相同的重复报道后按次赋分。"能力素质"维度的数据同样来自政府门户网站，通过政务公开专栏的领导信息板块获取。在"治理行动"方面，本报告通过考察各市是否制订了"国民经济和社会发展第十三个五年规划"、规划中是否有独立章节讲社会治理相关内容、有关内容出现次数，以反映社会治理规划的完备性；通过查阅《中国城市统计年鉴 2019》，获取各市人口、科学技术支出、教育支出和一般公共预算支出数据，运算后得出人均科学技术支出与教育支出、科学技术支出与教育支出占地方一般公共预算支出比重（见表 3-1）。

表 3-1 "政府负责"指标的数据来源

二级指标	三级指标	指标解读	数据来源
主体责任	政府责任意识	市长年度下基层开展社会治理有关调研的次数	政府门户信息
能力素质	政府班子能力素质	市政府领导班子平均受教育年限	
		市政府领导班子平均参加工作年限	

---

① 如报道中出现社会治理、教育、就业、社保、健康、脱贫、国家安全的有关表述，即可算作关于社会治理的调研。

续表

二级指标	三级指标	指标解读	数据来源
治理行动	治理规划	社会治理工作规划完备性	根据各市"十三五"规划纲要进行文本梳理
	公共财政支持水平	人均科学技术支出与教育支出	《中国城市统计年鉴2019》
		科学技术支出与教育支出占地方一般公共预算支出比重	

二 "政府负责"建设情况评估结果

（一）总体排名与分析

从"政府负责"指标得分排名前十的城市来看，前两名之间分差比较明显，北京市较大幅度领先于排名第二的苏州市。在地区分布上，除了武汉市与重庆市，其他排名前十的城市都来自东部地区，且有5个城市来自长三角地区（见图3-2）。此外，与北京、上海、广州同为超一线城市的深圳市同样表现不俗，位列第11名。

将108个重点城市按照地域划分为东部、中部、西部三个组别，能够看到"政府负责"指标综合得分存在较为明显的地域差异。从图3-3可见，东部地区和西部地区的分值在90分上下聚集，而中部地区城市得分离散性最大，且聚集区域偏向85分上下。这一分值差异为东部、中部、西部地区的得分平均值所印证，东部地区和西部地区的平均分分别为89.79分和89.02分，分值相近且高于总体平均值；中部地区的平均分为86.83分，低于总体平均值。

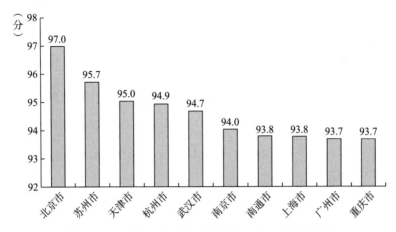

图 3 - 2 "政府负责"指标得分前十名的城市

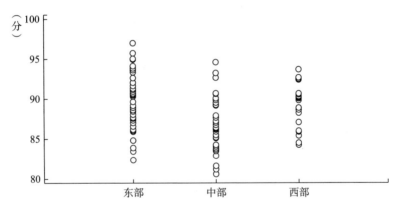

图 3 - 3 东部、中部、西部城市"政府负责"指标
综合得分分布

(二) 二级指标排名与分析

1. 主体责任

该二级指标使用"市长年度下基层开展社会治理有关调研的次数"进行衡量,根据所记录次数,报告以 70 分为基础分,对各市进行排序赋分。该指标得分在 71.11 ~ 100.00 分,均值为

85. 38 分。分地区比较结果数据显示，东部、中部、西部地区城市的均值差异不明显。由图 3 – 4 可见，该指标得分排名前十的城市是北京、金华、荆州、信阳、南通、杭州、重庆、济南、商丘、岳阳。其中 5 个城市来自东部地区，4 个城市来自中部地区。

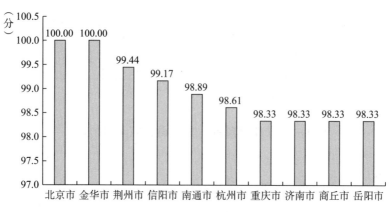

图 3 – 4 "主体责任"指标得分前十名的城市

2. 能力素质

"能力素质"指标综合得分在 89.62 ~ 95.59 分，均值为 92.18 分。由于各地领导班子人数不一，为了避免地方领导班子规模差异过大带来的结果偏差，同时鉴于领导班子中顺位愈前的领导对地方经济社会发展的影响力愈大，因此，报告仅计算领导班子中前 5 位领导的能力素质指标得分。"能力素质"指标下包含"市政府领导班子平均受教育年限"和"市政府领导班子平均参加工作年限"两项内容，都以 70 分为基本分，通过基本分与对应的年限得分相加计算出最终分数。其中，领导班子平均受教育年限越长，对应指标得分越高；领导班子平均参加工作年限以45 年为界，工作满 45 年则得满分 100 分。

"能力素质"指标排名前十的城市分别是北京、上海、石家庄、天津、重庆、大连、上饶、济南、深圳和南京（见图 3 – 5）。

得分前两名的北京市与上海市与第三名及之后的城市拉开了较大差距，其原因在于两者的"市政府领导班子平均受教育年限"得分相当突出。上饶市在"市政府领导班子平均受教育年限"得分中排名第四，但在"市政府领导班子平均参加工作年限"得分上排名居中，在总体排名中位列第七。其他前十名城市在两项内容上表现比较均衡。

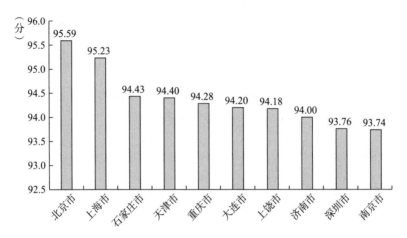

图3-5 "能力素质"指标得分前十名的城市

"市政府领导班子平均受教育年限"的总体得分在89.50～98.36分。得分排名前十的城市是北京、上海、亳州、上饶、重庆、天津、苏州、沧州、茂名和济南，其中有7个城市来自东部地区，位列第三、第四的亳州和上饶来自中部地区，西部地区入围前十名的城市是重庆市（见图3-6）。

"市政府领导班子平均参加工作年限"的总体得分在87.48～93.87分，分差相对较小。得分排名前十的城市是泉州、石家庄、商丘、杭州、宁波、南通、潍坊、菏泽、新乡和大连，其中8个属于东部地区城市（见图3-7）。西部地区得分最高的城市是重庆市，分数为90.99分，排名为第37位，分数明显低于东部和中部地区的最高分。

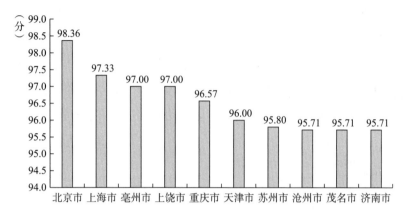

**图 3 - 6　"市政府领导班子平均受教育年限"
得分前十名的城市**

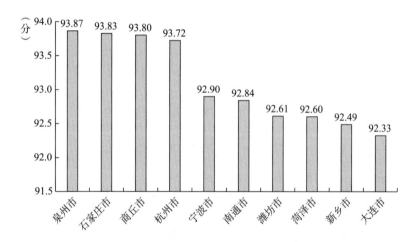

**图 3 - 7　"市政府领导班子平均参加工作年限"
得分前十名的城市**

图 3 - 8 直观地展示了地区间市政府领导班子平均受教育年限与平均参加工作年限得分的差异。在平均受教育年限得分和平均参加工作年限得分的平均值处建立坐标轴（即虚线），可以看出东部地区多数城市落在第四象限，即平均工作年限得分高于总体平均值的区域，中部地区和西部地区则有更多城市分布于低于总

体平均值的第三象限。

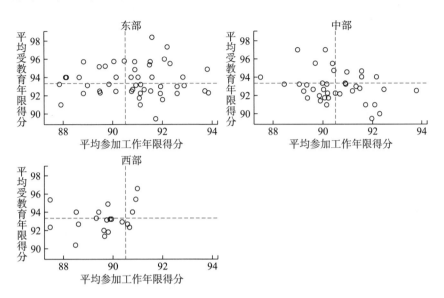

**图3-8 市政府领导班子平均受教育年限与平均
参加工作年限得分分布**

3. 治理行动

"治理行动"指标包含"治理规划"和"公共财政支持水平"两项指标,即"社会治理工作规划完备性"、"人均科学技术支出与教育支出"和"科学技术支出与教育支出占地方一般公共预算支出比重"三项内容。其中,"社会治理工作规划完备性"首先根据地方是否有"十三五"规划进行优先级排序,而后根据是否有关于社会治理的独立章节,以及有关内容的出现频次进行排序赋分。另外两项内容数据均来自《中国城市统计年鉴2019》,并采用排序赋分的方法。

"治理行动"指标的综合得分范围是73.43~97.93分,均值为86.25分。"治理行动"指标得分前十名的城市是苏州、北京、南京、广州、杭州、武汉、天津、深圳、贵阳和拉萨。10个城市中有 7 个来自东部，1 个来自中部，2 个来自西部，除了苏州市和深圳市，其他城市都是省会（首府）城市或直辖市（见图 3 - 9）。

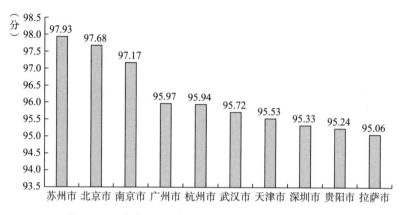

图 3 - 9 "治理行动"指标得分前十名的城市

"社会治理工作规划完备性"得分排名前十的城市中，有 4 个来自江苏省。西部地区有 3 个城市位列前十名，其中 2 个城市市来自云南省，重庆市在西部地区城市中得分最高，位列第 3 名（见图 3 - 10）。中部地区得分最高的城市是阜阳市（96.40 分），排名第 16 位。

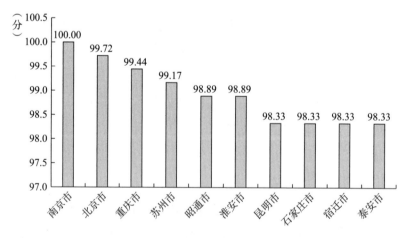

**图 3 - 10 "社会治理工作规划完备性"
得分前十名的城市**

"人均科学技术支出与教育支出"得分的前十名见图 3 – 11。超大城市北上广深均位列前十。西部地区得分最高的是拉萨市，位列第 4 名，比西部地区排名第 2 的贵阳市（第 14 名）高出1.08 分。中部地区得分最高的是武汉市，位列第 11 名。

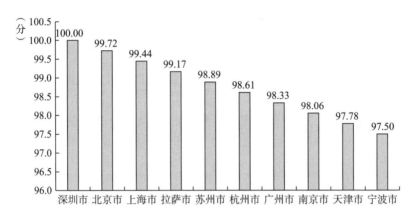

**图 3 – 11 "人均科学技术支出与教育支出"
得分前十名的城市**

"科学技术支出与教育支出占地方一般公共预算支出比重"得分的前十名见图 3 – 12。前十名中来自广东省的有 4 个城市，是上榜城市最多的省份。尽管北上广深四个超大城市均在"人均科学技术支出与教育支出"上位列前十，但在"科学技术支出与教育支出占地方一般公共预算支出比重"上，仅有深圳上榜前十名，其 2019 年科学技术支出与教育支出占地方一般公共预算支出比重为 26.61%。广州、北京、上海分别位列第17 名、第 64 名和第 96 名，三者 2019 年科学技术支出与教育支出占地方一般公共预算支出比重分别为 24.12%、19.44%和 16.10%。

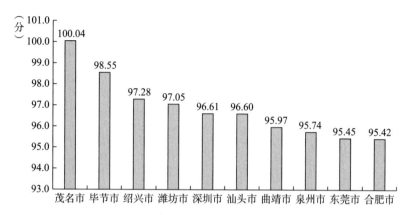

图 3-12 "科学技术支出与教育支出占地方一般公共预算
支出比重"得分前十名的城市

三 存在的问题与政策建议

分析发现，一些城市政府负责得分排名靠后，大多是因为主体责任和治理行动得分出现了短板，因此在后续的社会治理过程中，地方政府应着力夯实社会治理责任，尤其是领导干部应多下沉基层，深入民众了解当地社会现状，以人民的所需所想为未来工作方向。同时，地方政府还应将责任落到行动当中去，自觉接受社会监督，踏实推进社会治理各项工作，将资源用在人民需要的地方，加大社会民生支出力度，做到取财于民、用财于民，增进人民福祉。

政府作为社会治理的关键主体之一，其治理能力和治理水平的提升对于优化社会治理具有重要意义。各地政府应当审慎剖析自身治理能力建设情况，发扬优势，弥补不足，加强学习优秀治理经验，发挥政府在社会治理大局中应有的主导作用。

第四章 "民主协商"建设情况评估[*]

一 指标设计与测量

(一) 指标设计

目前的民主协商测度方式已综合考察了协商主体参与率、协商渠道开放性和规范性、协商成果向现实的转化质量等因素，但仍有拓展的空间。首先，现有的指标维度存在较为显著的区域性特征，选取的协商活动多来自发达地区经验，评估指标对于全国各地差异化的协商实践适用性不足。其次，指标维度的细化程度不高，公开的研究文献主要讨论了一、二级指标的设计思路，而对具体三级指标测量方法着墨不多。因此，借鉴现有研究成果，本报告以协商渠道为分类标准，选择具有普遍性的协商途径进行考察。根据中共中央印发的《关于加强社会主义协商民主建设的意见》，民主协商可以划分为政党协商、人大协商、政府协商、政协协商、人民团体协商、基层协商以及社会组织协商等。基于该分类，本报告重点考察基层协商、人大协商、政协协商三个富

---

[*] 执笔人：汤献亮、陈那波。

有代表性的协商渠道，按照渠道开放通畅程度和村居民、人大代表、政协委员的协商参与程度，为各城市的民主协商水平赋分。

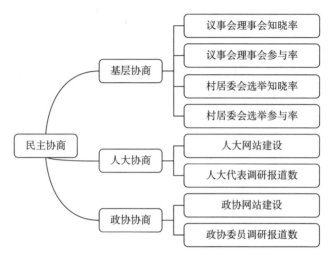

图 4 - 1 "民主协商"指标体系

1. 基层协商

基层是民主协商最广阔的场域，基层协商事务涉及人民群众切身利益，协商的质量直接影响民心凝聚程度。由于治理环境各异，基层协商形式丰富多样，成体系、有制度规范的主要包括：以事务商讨为中心开展的议事会、理事会、恳谈会等；以自治管理为核心的村委会、居委会。例如，浙江温岭农村采用议事会、恳谈会的方式，村民通过随机抽选代表、问卷调查表决，群众间直接协商讨论，反映自身需求和传达意见看法，形成了良好的基层协商氛围。[①] 武汉江汉城市社区以居委会为中间平台，引导居民参与到菜场设置、房屋拆迁等事件的决议中，有效发挥居委会

---

① 何包钢、王春光：《中国乡村协商民主：个案研究》，《社会学研究》2007 年第 3 期，第 56 ~ 73 页。

作用。① 由此看来,采用群众接触较多的议事会、理事会、村委会、居委会来衡量基层协商开展状况是有一定合理性的。

具体以知晓率和参与率反映基层协商的实际参与水平,衡量指标包括议事会理事会知晓率、议事会理事会参与率,以及村居委会选举知晓率、村居委会选举参与率。知晓率指的是知晓人数占总人数的比例,用于评价居民对协商活动是否了解。知晓协商活动是进一步参与的必要前提,知晓率的高低取决于当地协商制度建设、信息公开和宣传能力。参与率指的是亲身介入协商过程中的居民占总人数的比例,参与率高低反映了协商推行的广度和质量。知晓率和参与率可以通过问卷调查方式得到,进而评估特定地区基层协商情况。

2. 人大协商

人民代表大会制度是保证人民当家做主的根本政治制度,人大代表在协商民主中的呼声意见密切代表着人民群众的呼声意见。人大在行使职权做出重大决策之前,需要与各利益相关群体进行充分协商,更好汇聚民智、听取民意,支持和保证人民通过人民代表大会行使权力。因此,人大协商是民主协商诸形式中不可或缺的正式协商渠道,有必要纳入指标体系中进行深入考察。

在这一部分,具体以人大网站建设、人大代表调研报道数衡量人大协商的发展水平。人大代表密切联系群众是人大协商发挥作用的基础,这需要开放的意见汇集通道和持续的实地工作作为支撑。地方人大网站是向社会公开展示人大动态、接收群众意见的重要平台,有无正常开设并维护人大网站一定程度上反映了该城市人大协商渠道是否通畅。人大代表到基层调研作为了解实际

---

① 杨敏:《作为国家治理单元的社区——对城市社区建设运动过程中居民社区参与和社区认知的个案研究》,《社会学研究》2007 年第 4 期,第 137～164 页。

情况、加强各方沟通协商的必修课，有利于提高人大代表议案建议质量，真正代表人民利益发声，人大代表调研报道数侧面反映了地方人大的履职效能和协商实效。

3. 政协协商

人民政协是协商民主的重要渠道和专门协商机构，围绕团结和民主两大主题，履行政治协商、民主监督、参政议政的职能。政协协商在我国民主政治发展进程中具有标志性的作用，为中国共产党同其他民主党派、社会各界进行协商搭建了稳定的论坛平台。充分发挥人民政协在民主协商中的作用，不断提高政协协商制度化、规范化、程序化水平，是提高民主协商水平的必行一步。

政协协商采用与人大协商类似的评价方式，具体指标包括政协网站建设、政协委员调研报道数。首先，目前我国各地政协对外沟通、联络平台的建设还处于初期阶段，规范标准还未确立，整体水平参差不齐。因此，以有没有政协网站为指标测量政协协商渠道的畅通程度，具有一定的区分性，能够反映地区间的差异。其次，采用政协委员调研报道数衡量政协协商质量。政协委员主要通过实地调研、专题议政性常委会议和专题协商会、座谈会等形式开展专题协商、对口协商、界别协商、提案办理协商，形成协商成果和提案。经常性开展调研考察有利于提高提案质量，巩固政协协商成果。因此，政协委员调研数量与政协协商质量具有一定的相关性。

（二）数据来源

为了解108个重点城市民主协商总体情况，本报告使用了中山大学中国公共管理研究中心主持收集的重点城市民主协商调查问卷结果，以及各城市人大、政协官方网站公布的报道材料统计结果。

调查问卷的发放对象是 108 个重点城市的居民，发放途径以网络为主。为减少非概率抽样对数据的影响，问卷发放时尽可能根据年龄、性别、学历等社会人口学信息，以及不同城市人口数量进行配额抽样。调查最终在 108 个城市共回收问卷 45728 份，平均每个城市 423 份，其中超大城市，北京、上海、广东、深圳问卷数约为每城市 1500 份；拉萨、银川、西宁等城市问卷数量较少，约为每城市 200 份。整体问卷回收率较高，样本比例分配较为均匀，对民主协商参与群体具有一定代表性。

人大代表、政协委员调研报道数通过官方网站获取，具体方法为：检索人大网站的"监督工作"相关板块和政协网站的"视察调研"相关板块，统计板块内调研、监督具体报道的数量。对于不设置栏目归类的网站，则在工作动态中检索"调研""视察""走访""现场""实地""询问""慰问""检查""协商""座谈"等关键词，排除无关和重复报道后，记录报道数量。该类数据统计的起止时间为 2019 年 1 月 1 日至 2019 年 12 月 31 日。

表 4-1 "民主协商" 指标的数据来源

二级指标	三级指标	指标解读	数据来源
基层协商	议事会理事会知晓率	是否听说过居民议事会/理事会	问卷调查
	议事会理事会参与率	是否参与过居民议事会/理事会	
	村居委会选举知晓率	是否听说过村委会/居委会代表选举活动	
	村居委会选举参与率	是否参与过村委会/居委会代表选举活动	

续表

二级指标	三级指标	指标解读	数据来源
人大协商	人大网站建设	有没有人大网站	政府网络信息分析
	人大代表调研报道数	网站监督调研报道数量	
政协协商	政协网站建设	有没有政协网站	
	政协委员调研报道数	网站监督调研报道数量	

二　"民主协商"建设情况评估结果

（一）总体排名与分析

"民主协商"指标中，北京、天津两市得分较高，排名在全国居前。以北京市为例，其议事会理事会知晓率、村居委会选举知晓率分别达到57.0%和51.5%，群众对自治组织的了解程度较高。受访居民中分别有13%和11%实际参与过议事会理事会和村居委会选举，民主协商治理的氛围比较浓厚。在人大协商、政协协商方面，北京市对人大代表和政协委员调研活动记录规范，官方网站刊载公开的人大代表、政协委员调研报道数量分别为209篇、210篇，一定程度上体现了人大和政协协商的履职成果。长三角城市中，南京、无锡、上海成绩亮眼，绍兴、杭州、苏州不落下风，均排在前十名（见图4-2）。江浙沪城市得分总体较高，尤其是基层协商水平较为突出；广州、天津、北京则在人大协商、政协协商方面有优异表现。

总的来说，全国市域民主协商建设初具成效，以京津冀和长三角为代表的地区主动营造民主协商氛围、提高协商质量，已经形成了以基层协商、政治协商为基础的协商治理格局，其经验值得其他城市借鉴。

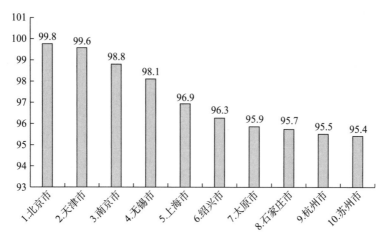

图 4 – 2 "民主协商" 指标得分前十名的城市

（二）二级指标排名与分析

1. 基层协商

从本次调查回收的问卷结果看，108 个重点城市里，议事会理事会平均知晓率为 33.0%、参与率为 9.0%；村居委会选举平均知晓率为 25.4%、参与率为 5.6%。换言之，有 1/4 ~ 1/3 的受访者知晓基层协商信息，其中 5% ~ 9% 实际参与过基层协商活动。总体上，基层协商参与率仍然不足。而且知晓率、参与率波动幅度较大，城市间差异比较明显。

按东部、中部、西部对城市进行分类，可见东部地区基层协商平均水平较高，内部差异大。以广东省为例，广州、东莞、深圳、佛山等城市基层协商环境良好，市民的参与意识强，调查得到的知晓率高于 40%。而省内的揭阳、湛江、汕头等城市，议事会理事会、村居委会选举的开展情况则相对较差，基层协商活动的平均知晓率为 29 ~ 32%。与东部类似，中部城市间差异同样显著，但平均得分不如东部地区，主要是因为民主协商得分较低的城市基本都来自中部地区。特别是河南、江西两省样本城市，调查得到的知晓率普遍不高于30%，与其他省份城市有一定距离。西部地区城市数量较少，得分差异性不大，表现比较均衡（见图4－3）。

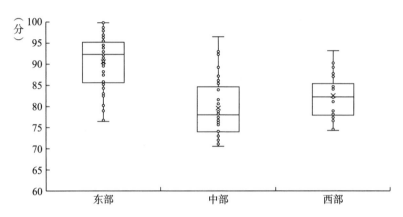

图4－3　关于"基层协商"的各地区得分分布
（散点和箱线）

需要补充说明的是，本次调查的取样并非完全随机均匀。从数据结果判断，调查受访者主要为城市居民，与农村地区的同类研究结果相比，城市自治组织选举参选率偏低。对比上述研究结果，可以认为，本次调查得到的知晓率更接近于城市社区的参与水平，样本群体参与率可能受到户籍、年龄、职业、收入、学历、政治身份等要素的影响。

虽然可能存在样本选择偏误，但数据结果在本次调查内部仍有一定的对比价值和指导意义。以基层协商知晓率为例，议事会理事会知晓率和村居委会选举知晓率都呈现高度相似的分布形态——在均值稍低的区间内聚集了较多样本，小部分样本得分明显高于其他城市。这说明，首先，相当一部分城市在基层协商建设上仍然处于不断追赶全国平均水平的阶段，在治理资源普遍贫乏的情况下，如何在众多同类竞争者中脱颖而出，是这部分城市需要继续探索的问题。其次，小部分领先者成为基层协商的城市标杆，是统计中的"离群值"，对于这部分城市来说，在政治区位、经济区位优势下，市域内基层协商能力得到提升，如何向其他区域辐射优势，带动整体基层协商进步是重要问题。

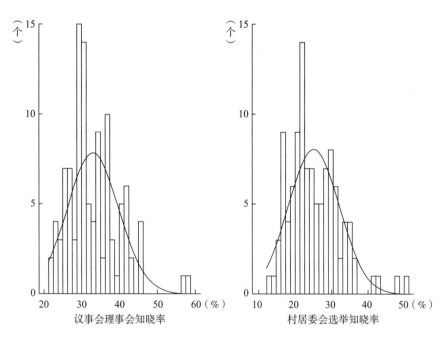

图4-4 基层协商知晓率分布（横轴为知晓百分比，
纵轴为城市个数）

2. 人大协商与政协协商

人大协商和政协协商的评估指标较为类似，主要由网站状况和调研情况两部分组成。从网站的检索结果看，各重点城市人大、政协门户网站建设基本完成，9成以上城市都拥有独立的人大、政协网站。但各网站内部标准化程度、信息公开程度差别大，部分城市详细记录了人大代表、政协委员的基层调研情况，监督、协商过程记录详尽；部分城市则缺乏有关报道材料，对外公开的成文记录比较少。因此，在各地人大、政协网站基本建设完成，门户初具的条件下，人大协商、政协协商的水平差异主要体现在人大代表和政协委员的履职情况上。

在城市间的对比中可以清晰看出以下特征（见图4－5）。一是调研报道总数差异大，成都、广州、天津、北京调研报道总数在400篇以上，而潍坊、沧州、信阳、漳州、衡阳、凉山等市（州）未检索到人大代表或政协委员的调研情况。二是调研报道结构差异大，政协委员调研报道数明显高于人大代表调研报道数。从平均值看，政协委员调研报道数为42篇，人大代表调研报道数为21篇，两者存在倍差。在部分城市中这项差距更加明显，以成都市为例，政协委员调研报道共有548篇，而人大代表仅有6篇。

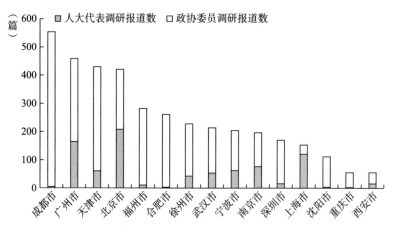

图4－5　人大代表和政协委员调研报道数较多的
代表城市（堆叠）

三 存在的问题与政策建议

从以上数据结果出发,先进城市的基层协商仍然需要向主动自发、多点开花的方向发展,在议事会理事会建设、村居委会选举之外,开拓出新的、更具活力的基层协商模式。在人大协商和政协协商方面,一是需要提升人大代表、政协委员与基层的联系程度。尤其是履职制度规则未完善、调研监督组织形式比较涣散的城市,重点抓好人大协商和政协协商质量,有利于聚集民智、收集人民利益呼声,提高市域社会治理水平。二是需要利用现有的公开渠道,提高信息透明程度。人大代表调研走访是依照法定规则履行义务的方式,其信息应向社会公众公开,更充分调动人大代表履职积极性,提高人大作为民主协商途径的公信力。

第五章 "社会协同"建设情况评估[*]

一 指标设计与测量

（一）指标设计

由于社会组织在社会协同治理中的特殊地位，以及近年来社会组织力量日渐壮大及其在社会治理中作用不断凸显，所以在研究中需要将"社会协同"这一维度与"公众参与"维度进行区分，以提高指标体系和评估的科学性和严谨性。本研究对"社会协同"这个维度的分析主要从社会组织的建设和运作出发。综上，在"社会协同"一级指标下划分出主体建设、协同机制、协同效果 3 个二级指标，每个二级指标下分别设置若干三级指标（见图 5 - 1）。

1. 主体建设

主体建设，关注的是协同治理中的社会性主体的建设情况，构建社会协同治理体系的一个极为重要的方面就是培育和发展社会组织。社会组织能够促进公共领域的自主治理和参与服务，前

---

* 执笔人：梁琦、张叶、陈那波。

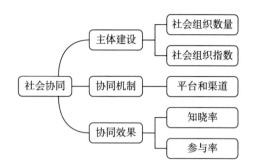

图5-1 "社会协同"指标体系

者包括自我管理、自我服务、表达诉求、有序参与,后者则体现了对增进公共服务的志愿性、公益性参与。[1] 社会组织是具有一定独立自治性的组织结构,作为社会治理的重要社会自治力量,是主体建设的组织基础的体现。社会组织具有动员社会资源、提供社会服务、扩大公民参与、培育社区文化的功能,[2] 是参与社会治理的重要主体和推动社区治理发展的重要力量。[3]

研究中的主体建设指标以"社会组织数量"和"社会组织指数"指标进行衡量。社会组织数量,即一个城市拥有的在民政部门登记注册的社会组织的数量。社会组织指数,即一个城市的注册社会组织数据情况,由于城市规模和人口数量存在差异,该指数以万人社会组织数量来衡量,可以更为合理地体现城市中社会组织的数量特点及建设情况。城市的社会组织数量和社会组织指

---

① 郁建兴、任泽涛:《当代中国社会建设中的协同治理——一个分析框架》,《学术月刊》2012年第8期,第23~31页。

② 杨丽、赵小平、游斐:《社会组织参与社会治理:理论、问题与政策选择》,《北京师范大学学报》(社会科学版)2015年第6期;《民政部关于大力培育发展社区社会组织的意见》,民政部网站,2017年12月27日,http://www.mca.gov.cn/article/gk/wj/201801/20180115007214.shtml。

③ 《民政部办公厅关于印发〈培育发展社区社会组织专项行动方案(2021—2023年)〉的通知》,中国政府网站,2020年12月7日,http://www.gov.cn/zhengce/zhengceku/2020-12/08/content_5568379.htm。

数能够较好地反映一个地方的非政府民间组织的力量、参与提供公共服务能力以及对社会力量的动员潜力。

2. 协同机制

协同机制，关注的主要是社会组织参与协同治理的机制。研究以"平台和渠道"指标来测量协同机制。平台和渠道，是培育和支持社会组织的服务载体，政府是否运用专门的平台和渠道与其他社会主体联系反映了地区对社会协同的重视程度。好的平台和渠道建设，能引导社会治理主体有序参与社会协同和治理创新。该指标以城市是否具有为社会组织提供服务的网上平台或渠道衡量，可以反映一个城市的社会组织在获取支持服务上的便利程度，也能反映出社会治理主体的协同机制建设情况。社会治理需要社会组织参与其中，分担政府的一部分职能，缓解公共服务供给压力；同时，社会组织在提供社会服务、维持社会治理以及社会的和谐稳定方面发挥着重要作用。要进一步发挥社会组织在促进经济发展、管理社会事务、提供公共服务方面的作用，需要政府在发挥治理主导作用的同时，激活并培育社会组织，发挥其在城市治理中的补充作用。

3. 协同效果

协同效果，即社会组织参与协同治理达到的效能和结果。协同治理的效果评估是检视治理有效性的必然要求。治理有效性是理解治理行动的新维度，从广义上看，治理有效性是衡量市域社会治理系统的运行是否适应经济与社会发展的需要，以及是否促进经济与社会发展的科学标准；从狭义上看，治理有效性是判断治理行动是否符合公平正义的要求，是否有效解决公共问题、增进公共价值的评价标准。对协同效果指标的测量应该体现出协同治理过程及其参与者行动所产生的结果与影响，因此，报告用民众对社会组织参与和提供公共服务的"知晓率"和"参与率"来检验"协同效果"，民众对社会组织的了解和参与，有利于构建社会协同治理的社会组织与公众间的信任关系并积累和扩大协同合作的社会资本。

（1）知晓率

知晓率，指的是在被调查民众中，知晓当地社会组织参与服务社会的项目的人数占被调查总人数的比重。"知晓率"一方面反映了社会组织的参与规模，知晓率越高，说明社会协同的领域越广泛；另一方面该指标也是重视程度和宣传力度的重要体现，更高的知晓率体现了政府对公共服务更高的重视程度和宣传力度，能在一定程度上反映政府通过公共服务购买实现对社会组织培育的程度。

（2）参与率

参与率，指的是在被调查民众中，参与过当地社会组织参与服务社会的项目的人数占被调查总人数的比重。首先，"参与率"反映了社会组织参与的项目是否与民众生活息息相关，进而体现社会组织服务社会的针对性和有效性；其次，该指标还可以反映出当地民众对于参与社会治理的意愿，参与率越高，反映当地居民的协同参与权利意识越强，越有可能关心本地公共事务和社会发展；最后，参与率越高，越有利于创造更多的社会资本，这将成为推动更加深入的社会协同的重要资源。

（二）数据来源

在对社会组织数据的查找中，主要有两种方法，一是在"中国社会组织政务服务平台"① 中的"全国社会组织查询"板块的

---

① 中国社会组织政务服务平台（https：//chinanpo. mca. gov. cn/index），是由国务院民政部国家社会组织管理局主办的，为登记管理机关、社会组织以及社会公众提供信息服务的平台。

查询条件中输入某城市名称"××"（如"北京"），查询到某个具体城市的社会组织数量；二是在各地级市民政局网站搜"统计"或"报表"或"公报"，找到并下载"民政统计报表/公报"。社会组织指数，是每万人拥有社会组织的数量，这个指标主要结合城市社会组织数量以及城市 2019 年统计年鉴中的常住人口数量来计算得出。

关于社会组织网络服务平台数据的查找，主要有三种方法。一是网络搜索城市社会组织门户网站，搜索关键词为"××市社会组织"（如"北京市社会组织"），能够查到由该市民政部门社会组织管理局主办的官方门户网站；二是登录城市民政局官方网站，能够查找到"社会组织"板块；三是登录城市人民政府官方网站，通过"政务服务"板块，能够找到民政板块对应下的"社会组织"。以上三种方法，只要其中一种能够满足，则认为该市有服务于社会组织的网上平台或渠道。

"协同效果"的数据主要来源于问卷调查。对"知晓率"和"参与率"的计算，通过对特定城市居民进行网络问卷调查的方式来获取数据。设置的具体问题分别为"是否听说过当地社会组织参与服务社会的项目"和"是否参与过当地社会组织参与服务社会的项目"。问卷覆盖 336 个城市，包括 108 个重点城市的数据，合计完成样本量 106130 个：重点城市共完成 45728 个样本，有 102 个城市的样本量超过 300 个；非重点城市共完成 60402 个样本，有 82 个城市的样本量超过 300 个。

表 5 – 1 "社会协同"指标的数据来源

二级指标	三级指标	指标解读	数据来源
主体建设	社会组织数量	一个城市拥有的在民政部门登记注册的社会组织的数量	1. 中国社会组织政务服务平台 2. 各市"民政统计报表/公报" 3. 各市 2019 年统计年鉴
	社会组织指数	万人社会组织数量	
协同机制	平台和渠道	是否有网上平台或渠道服务社会组织	1. 各市社会组织门户网站 2. 各市民政局官方网站 3. 各市人民政府官方网站
协同效果	知晓率	是否听说过当地社会组织参与服务社会的项目	城市居民问卷调查
	参与率	是否参与过当地社会组织参与服务社会的项目	

二 "社会协同"建设情况评估结果

(一) 总体排名与分析

在"社会协同"得分前十名的城市中,杭州市以98.7分的得分位居榜首,这主要得益于其在该维度下的"社会组织数量""社会组织指数""知晓率""参与率"的得分均在108个重点城市前列,非常平均且没有短板。排名前十的城市均处于沿海地区,经济较为发达,市场发育程度较高,也是较早开展政府向社会组织购买公共服务的地区,社会组织众多。比较值得注意的是,前十名的城市中广东省占有4个,且该四个城市全部进入前五（含并列第五），除广州和深圳以外，佛山和东莞两个非省会、非计划单列城市在"社会协同"得分上一个是第四名，一个是并列第五名（见图5-2）。广东省进入"社会协同"前十名的城市的共同特点是这些城市在"知晓率"和"参与率"指标上得分非常高，这与这些城市地处经济发达地区有关，这类地区的市场化程度更高、民间力量更为活跃，更有利于社会组织的培育和发展。

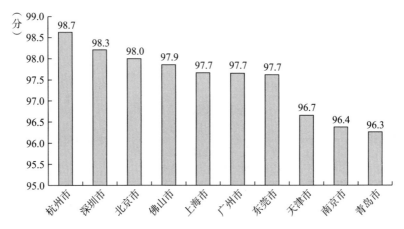

图5-2 "社会协同"指标得分前十名的城市

当对108个重点城市按照地域划分为东部、中部、西部三个组别时，能够看到"社会协同"总体得分存在较为明显的地域差异。其中东部组为北京、天津、河北、辽宁、上海、江苏、浙江、福建、山东、广东、海南等11个省、直辖市，共包含48个城市；中部组为黑龙江、吉林、山西、安徽、江西、河南、湖北、湖南等8个省，共包含38个城市；西部组为内蒙古、广西、重庆、四川、贵州、云南、西藏、陕西、甘肃、青海、宁夏、新疆等12个省、自治区和直辖市，共包含22个城市。可以看到，东部地区城市的"社会协同"指标得分总体较高，中位数城市得分超过90分。西部地区城市次之，中部地区城市总体得分是三个组别中最低的，中位数城市得分刚到 80 分（见图 5 – 3）。

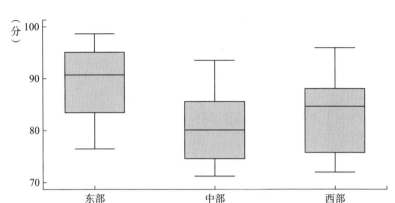

**图 5 – 3 "社会协同"指标东部、中部、西部地区
城市得分箱线**

（二）二级指标排名与分析

1. 主体建设

主体建设，就是参与协同治理中的社会主体的建设情况，主要考察城市的社会组织数量和社会组织指数。社会组织数量，就是在由国务院民政部国家社会组织管理局主办的"中国社会组织政务服务平台"或者各个地市民政局官方网站公布的"民政统计报表/公报"中查询到的某城市的社会组织数量。根据城市拥有的社会组织数量以及城市统计年鉴中记载的人口数据，可以得到该城市每万人拥有的社会组织数量，即社会组织指数。对 108 个重点城市的两项指标数据依照大小进行排序并赋分，拥有最多的社会组织数量和最高的社会组织指数的城市，即得满分 100 分。如图 5 – 4，"主体建设"指标得分前十名的城市依次分别是南京市、上海市、杭州市、深圳市、大连市、青岛市、沈阳市、北京市、淮安市、广州市。

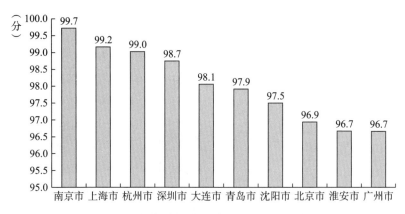

图 5 – 4 "主体建设"指标得分前十名的城市

由于"主体建设"二级指标是由"社会组织数量"和"社会组织指数"两个三级指标构成,因此在进一步分析"主体建设"指标得分时,需要对各城市的三级指标得分进行分析。

在"社会组织数量"指标上,上海市以 21235 个的社会组织数量位居所有重点城市首位,得分最高,其余前十名分别是重庆市、南京市、北京市、深圳市、杭州市、广州市、成都市、青市岛、天津市(见图 5 – 5)。可以看到,上榜前十名的城市均为直辖市、省会城市和计划单列市,且这些城市都具有较大的人口规模,其中重庆市常住人口超过 3000 万人,北京市和上海市常住人口超 2000 万人,成都市、天津市和广州市常住人口超 1500 万人,深圳市常住人口超 1000 万人,南京市和青岛市常住人口接近 1000 万人。拥有较多的社会组织数量的城市可能具有较大的人口规模。但反之不然,因为社会组织的发展还可能取决于当地的经济发展水平和市民社会的培育与完善。

在"社会组织指数"指标上,南京市以每万人拥有社会组织数 18.41 个位居所有重点城市首位,得分最高;淮安市和杭州市分居第二、三位,其后分别是大连市、海口市、深圳市、上海

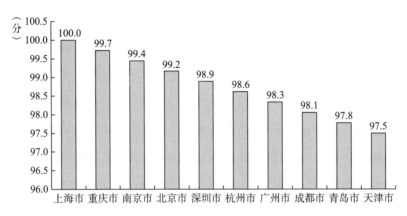

图 5-5 "社会组织数量"指标得分前十名的城市

市、青岛市、沈阳市、兰州市。由于"社会组织指数"指标将城市的社会组织数量与人口数量结合考虑,因此该指标得分前十名的城市与"社会组织数量"指标得分前十名的城市有一定差异,一些人口数量不多但社会组织数量不少的城市进入了前十名,如淮安市、海口市和兰州市,其人口分别只有 493 万人、232 万人、379 万人,但其万人社会组织数量为 9.36 个、8.91 个和 7.58 个。

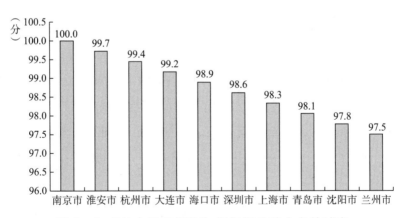

图 5-6 "社会组织指数"指标得分前十名的城市

2. 协同机制

协同机制，是指社会组织参与协同治理的机制，主要考察为社会组织提供服务的平台和渠道，具体为是否有网上平台或渠道服务社会组织。好的平台和渠道建设，能引导社会治理主体有序参与社会协同和治理创新，这反映了一个城市对社会协同机制建设的重视程度，也反映了城市的社会组织在获取支持服务上的便利程度，是体现社会治理主体的协同机制建设情况的一个重要方面。协同机制的衡量指标为"平台和渠道"，这是一个门槛性指标，只看是否有而不具体计算数量。在108个重点城市中，所有城市都具有服务社会组织的网上平台或渠道，主要可以分成三大类，第一类是单独官网，一般名称为"××市社会组织网"或"××市社会组织信息网"，该类官网由该地民政部门的社会组织管理局主办或主管；第二类是民政局官网上的"社会组织"独立板块；第三类是省政务服务网上为社会组织提供的服务链接。由于该指标只看有无，不按照类别进行等级评价，因此，如有网上平台或渠道服务社会组织则认为在"社会协同"指标中有相应的协同机制建设。

3. 协同效果

协同效果包括"知晓率"和"参与率"两个分指标。如图5-7所示，"协同效果"指标得分前十名的城市依次分别是佛山市、北京市、东莞市、天津市、广州市、杭州市、深圳市、汕头市、绍兴市、无锡市。其中，排名前十名的城市有一半在广东省。

三级指标"知晓率"指的是在被调查民众中，知晓当地社会组织参与服务社会的项目的人数占被调查总人数的比例。在"知晓率"三级指标中，排名前十的城市是北京市、佛山市、天津

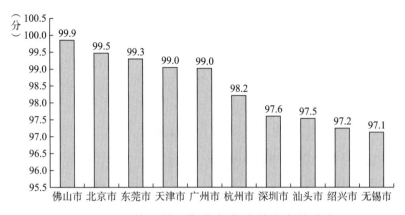

图 5-7 "协同效果"指标得分前十名的城市

市、东莞市、广州市、杭州市、石家庄市、无锡市、绍兴市、烟台市。其中北京市该项指标为满分,此外,广东省有三个城市入选,为上榜城市最多的省份(见图 5-8)。

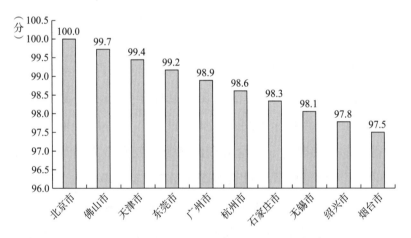

图 5-8 "知晓率"指标得分前十名的城市

三级指标"参与率"指的是在被调查民众中,参与过当地社会组织参与服务社会的项目的人数占被调查总人数的比例。"参与率"指标得分前十名的城市分别是佛山市、汕头市、东莞市、广州市、北京市、天津市、深圳市、信阳市、杭州市、成都市,其中广东省的城市尤其亮眼，前十名城市中广东省占一半，并包揽了前四名（见图5-9）。

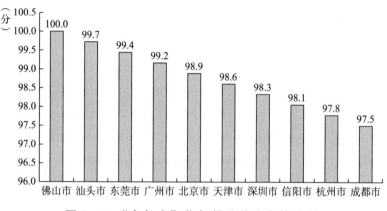

图5-9 "参与率"指标得分前十名的城市

三 存在的问题与政策建议

从"社会协同"各层级指标的城市得分看，最主要的问题是各区域间不平衡，东部城市表现明显优于西部和中部城市。在"社会协同"一级指标以及"主体建设"和"协同效果"二级指标的得分上，排名前十的均为东部城市。仅有个别西部和中部城市在"社会组织数量""社会组织指数""参与率"3个三级指标得分中入榜前十名。且从东部、中部、西部的城市分组上看"社会协同"得分，东部城市平均得分较高，中部、西部城市与之相比差距明显。本报告中社会协同状况主要体现在社会组织的数量、政府与社会组织协同机制、民众对社会组织的了解和参与程度上。社会组织的建设是社会协同的基础，该维度上不同区域城市得分的差异，反映了其在社会组织的培育建设上的差异，以及当地民众对社会组织的了解和参与程度的差异。

存在这些问题的原因主要有两个方面。一方面，社会组织的成长需要相应的制度环境和参与平台，包括鼓励发展和扶持培育的政策以及扩大社会组织参与的政府购买公共服务政策，在一些经济较不发达地区，市场活力不足，市民社会发育程度不高，政府购买公共服务较少，这在一定程度上抑制了社会组织的发展。另一方面，当前的社会治理主要仍是由政府扮演主导角色的一元治理，民众长期以来对由政府提供公共服务习以为常，对社会组织提供公共服务、参与社会治理的认知度不够、认同度不高。

针对上述问题，可以从以下方面改进。第一，完善社会组织发展的制度环境和协同参与平台，加大对社会组织的培育建设力度。第二，转变管理理念，进一步简政放权和职能下放，在社会治理和公共服务中吸纳更多社会组织参与。第三，社会组织应规范自我管理、塑造自身形象，打造高水平的专业化队伍，提高自身"造血"能力。第四，加大协同治理的宣传力度，在全社会营造协同治理的良好氛围，加强社会组织与民众之间的交流，增强民众对社会组织治理价值的了解。

第六章 "公众参与"建设情况评估[*]

一 指标设计与测量

(一) 指标设计

已有文献为本研究和报告提供了方向，即评估市域社会治理，必须包含对公众参与的评估，而具体设置哪些指标、权重多少等，则需进行情境化处理。可以认为，就公众参与本身而言，对其评估，必定无法绕开其建设情况，也不能回避其成效，故本报告拟从建设与效果两个方面进行评估。具体而言，市域社会治理中，公众参与相关主体建设是必要的基础性前提，主体建设是否到位，必然会对参与情况产生影响。同时，参与效果是对参与产出的直接反映，也能体现出公众参与在市域社会治理中的推动作用和价值。因此，在对市域社会治理中公众参与情况进行评估时，设置主体建设及参与效果两个二级指标。

1. 主体建设

公众在参与社会治理过程中，相关主体的专业化程度会直

＊ 执笔人：张梓妍、陈那波。

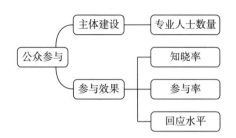

图6-1 "公众参与"指标体系

接影响到相应服务及公众参与质量。因此，将"专业人士数量"作为三级指标。由于教育和医疗涉及每一位公民，是公众参与的必然内容，因此，这两个重点领域的专业化程度具有较强的典型性，可通过其专业人士数量来反映主体建设情况。具体而言，可以用《中国城市统计年鉴2019》里"教育"和"卫生和社会工作"两大行业中的每万人就业人数来反映各城市在社会治理领域中的专业人士数量。

2. 参与效果

公众参与效果是市域社会治理中相关工作成效的重要体现，是公众与公共部门间良好对话关系的反映。显而易见，市域社会治理中，公众对于相关活动的知晓程度、参与程度能直观反映出相关工作是否做到位、宣传到位。同时，政府回应情况也受到不少关注，被广泛用于评估公众参与效果。因此，以"知晓率""参与率""回应水平"为三级指标对参与效果进行评估。

（1）知晓率

知晓率，即社会公众对于社会治理相关活动是否知晓、多少人知晓，这是公众得以有效参与的前提，也是相关活动是否宣传普及到位的直接体现。知晓率低，则难以保证参与群体的代表性，难以形成真正代表最大多数人利益的决议。主要通过问卷调查，来了解受访者是否听说过/了解当地政府部门举办的听证会/

座谈会/民意调查等，从而以样本中知晓者比例来估计总体知晓率。

（2）参与率

参与率，即社会公众是否参与到社会治理活动中、多少人参与，这也是相关活动是否有效的重要判定标准。参与率低的活动及结果，难以惠及广大公众。主要通过问卷调查，来了解受访者是否参与过当地政府部门举办的听证会/座谈会/民意调查等，从而以样本中参与者的比例来估计总体参与率。

（3）回应水平

回应水平，即对于社会公众通过各种渠道参政议政，向政府、公共组织等提出建议、投诉后，主体责任单位是否有效回应、回应了多少，能够有效反映出公共部门对于公众参与的响应意愿及能力，反映公众参与是否有成效。主要通过领导留言板[①]来采集数据，计算一定时间内的年度公开留言量与留言回复率，以此评估回应水平。

（二）数据来源

公众参与下面包括主体建设和参与效果两个二级指标，主体建设的治理权重是 17.2%，参与效果的治理权重是 82.8%。主体建设主要指专业人士数量，包括每万人教育人员数量、每万人卫生和社会工作人员数量，治理权重分别是 4.6% 和 12.6%。参与效果包括知晓率、参与率和回应水平，治理权重分别是 35.3%、35.2% 和 12.3%。

教育人员，在《中国城市统计年鉴 2019》获取教育就业人

① 领导留言板，http://liuyan.people.com.cn/。

口,用所得人数除以常住人口数,得到每万人教育人员数量。根据排序赋分的方法得到各市教育人员的分数。

卫生和社会工作人员,在《中国城市统计年鉴2019》获取卫生和社会工作就业人口,用所得人数除以常住人口数,得到每万人卫生和社会工作人员数量。根据排序赋分的方法得到各市卫生和社会工作人员的分数。

知晓率通过问卷调查获取,问题是"是否听说过/了解当地政府部门举办的听证会/座谈会/民意调查等",据此得出基础分数,然后根据排序赋分的方法得到知晓率的分数。

参与率通过问卷调查获取,问题是"是否参与过当地政府部门举办的听证会/座谈会/民意调查等",据此得出基础分数,然后根据排序赋分的方法得到参与率的分数。

回应水平通过领导留言板中的年度公开留言量、年度公开留言回复量来获取数据。通过排序赋分的方法得到年度公开留言量和留言回复率的分数,其治理权重分别是10.1%和2.2%。

表6-1 "公众参与"指标的数据来源

二级指标	三级指标	指标解读	数据来源
主体建设	专业人士数量	每万人教育人员数量	《中国城市统计年鉴2019》
		每万人卫生和社会工作人员数量	
参与效果	知晓率	是否听说过/了解当地政府部门举办的听证会/座谈会/民意调查等	调查问卷
	参与率	是否参与过当地政府部门举办的听证会/座谈会/民意调查等	
	回应水平	年度公开留言量	在领导留言板上进行检索
		留言回复率	

二 "公众参与"建设情况评估结果

(一) 总体排名与分析

"公众参与"得分排名前十的城市中，东部城市占了7个，中部城市占了2个，西部城市占了1个，这表明中西部城市在公众参与方面与东部城市仍有较大差距（见图6-2）。与城市既有的经济发展水平相关，北京、上海、杭州和南京排名前十无可置疑。比较特殊的一个城市是排第44名的深圳市，数据表明，深圳市公众参与中的主体建设和参与效果得分均较低。得分较低的城市主要集中于中部地区，这表明中部地区在公众参与方面的治理工作状况不如人意，后续应采取相关措施，提升中部地区公众参与成效。

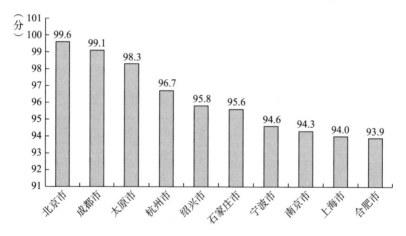

图6-2 "公众参与"指标得分前十名的城市

(二) 二级指标得分与分析

1. 主体建设

从东部地区到西部地区，"主体建设"得分分布范围逐渐缩小，但三个地区内部各城市主体建设水平差异仍较大。东部城市在13~16分较为集中，而在13分以下、16分以上较为分散。中部城市在13~15分较为集中，两端同样较为分散。西部城市在16~17分较为密集，而在16分以下各段，都较为分散（见图6-3）。东部、中部城市得分呈现一定的正态分布特征，而西部城市得分明显两端比中间密集，可能是因为西部各城市原先水平较低，而一旦有所投入、积极建设，就能利用后发优势，明显提升到较高水平。东部、中部符合正常发展规律，西部城市主体建设散点分布图存在明显的干扰因素，应该进一步探究并充分利用，以提升更多城市主体建设成效。

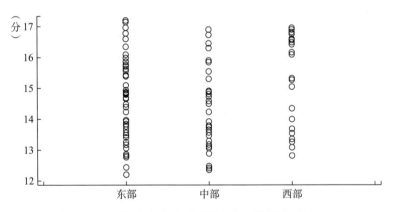

图6-3 关于"主体建设"的各地区得分分布

2. 参与效果

在"参与效果"指标上，东部、中部、西部城市分别在不同分段相对集中分布。东部城市主要集中在70~80分，少部分城市低于70分，个别城市高于80分。中部城市集中在60~70分，少部分城市在75分上下。西部城市集中分布在65分、70分两个分数线附近，在其余分段的分布较为分散（见图6-4）。

东部城市整体参与效果较好，但也有些城市存在不足；中部城市整体有些滞后，存在较大的提升空间；西部地区差异较大，各城市间需要进一步加强政策学习，包括纵向和横向学习，发挥"先富带动后富"作用，使更多城市向高分段靠拢，以提升整体效果。

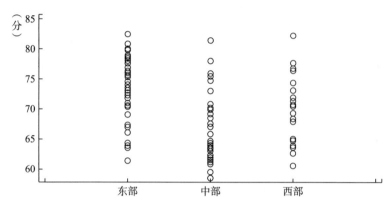

图6-4 关于"参与效果"的各地区得分分布

三 存在的问题与政策建议

后续发展中，政策应向欠发达地区倾斜，注意增加就业机会和提高就业待遇，在防止本地人口外流的前提之下，争取吸引更多外地人口就业，减轻沿海发达城市基本公共服务压力，促进本地政治、经济、社会和文化发展。

上海、深圳、广州等发达地区在关注经济发展的同时，也应注重社会主体建设，增加教育、卫生和社会工作等方面的人均资源投入，打造宜居城市。同时，应鼓励公众参与，营造良好的对话环境，听取民众意见，对于民众反应的问题积极回应，并着力解决相关问题，与民众形成良性互动。

第七章　"法治保障"建设情况评估[*]

一　指标设计与测量

（一）指标设计

本报告对社会治理中"法治保障"的理解主要来自对官方文件的研究分析。关于"法治保障"的具体内容，党的十九大报告对社会治理法治化建设提出"加强预防和化解社会矛盾机制建设"和"加快社会治安防控体系建设"两项要求。2020 年中共中央印发的《法治社会建设实施纲要（2020—2025 年）》中，"推动社会治理法治化"包括完善社会治理体制机制、推进多层次多领域依法治理、发挥人民团体和社会组织在法治社会建设中的作用、增强社会安全感、依法有效化解社会矛盾纠纷五大方面。由此可见，对"法治保障"建设情况的测量至少要包括法治力量多元化专业化、社会矛盾纠纷预防和化解机制建设、社会治安防控三个方面。基于此，报告形成了"专业力量"、"法治能力"和"警务表现"三个指标，分别对应新时期社会治理工作中

＊　执笔人：黄筱茜、陈那波。

的法治建设要求（见图7-1）。

其中，"专业力量"指标通过考察政府系统和来自社会的法律从业者及人民调解员情况，反映地方法治力量的多元化和专业化水平。建设社会矛盾纠纷预防和化解机制，既需要完备的法律服务体系，满足日益增长的法律服务需求，用法律手段解决问题，也需要完善矛盾纠纷多元化解机制，实现调解、仲裁、行政裁决、行政复议、诉讼等方式的有机衔接，因此报告以"法治能力"指标反映社会矛盾纠纷预防和化解机制建设情况。社会治安防控体系建设依托于公安系统，因此本报告选用"警务表现"指标对其加以衡量。

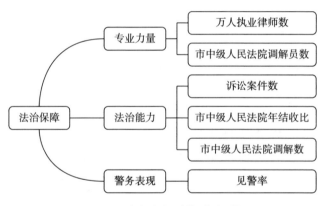

图7-1 "法治保障"指标体系

1. 专业力量

随着社会治理和服务重心的下移，基层治理资源应得到相应的充实。执业律师是法治专业力量的重要组成部分，既可为社会提供一般性法律诉讼服务，亦可通过国家倡导的公益性法律服务，满足基层群众在法律援助、基层普法、法律咨询、纠纷调解等方面的需求，地方的法律从业人员数量可以在一定程度上反映专业人才资源的覆盖程度，因此本报告选取"万人执业律师数"

衡量地方法律服务资源的可及性。

除了诉讼，调解机制亦在矛盾纠纷多元化解机制中发挥基础性作用。法律调解作为我国诉讼纠纷解决的重要途径，能够促使纠纷在进入诉讼程序之前化解在基层，缓和社会矛盾，节约审判资源，在我国的民（商）事审判中占有主导性地位。[①] 法律调解之外，我国还依托村委会、居委会发展出了人民调解这一具有中国特色的法律制度，力求将矛盾纠纷消除在萌芽状态。党的十八大以来，习近平总书记多次做出重要指示批示，要求司法行政机关加强人民调解员队伍建设，足见打造基层法律服务专业力量的重要性。尽管两类调解机制有所差异，但基于数据可及，本报告选取网上有公开数据的"市中级人民法院调解员数"作为第二个三级指标，从资源投入的角度对法律服务专业力量加以测量。

2. 法治能力

社会治理能力法治化升级的一个重要标志是，权力主体能够熟练运用法治思维和法治方式来化解社会矛盾，[②] 而地方法治能力建设显然是确保社会矛盾能够通过合法渠道加以解决的前提条件。地方居民的法治意识和法律技能测量难度较大，因此本报告从司法系统的角度切入，考察地方提供法律服务的能力。基于此，报告使用"诉讼案件数"、"市中级人民法院年结收比"和"市中级人民法院调解数"三个指标来反映地方的法治能力。其中，诉讼案件数和市中级人民法院调解数共同反映地方法院的工

---

① 宋阳、孙雪东：《人民法院调解工作的价值、意义及其作用刍议》，中国法院网，2010 年 8 月 19 日，https://www.chinacourt.org/article/detail/2010/08/id/423754.shtml。

② 陈金钊：《提升国家治理的法治能力》，《理论探索》2020 年第 1 期，第 23~29 页。

作容量，市中级人民法院年结收比则反映一地社会纠纷得到合法渠道顺畅处理的效率，能在一定程度上体现地方社会矛盾纠纷预防和化解机制的能力。

3. 警务表现

基层警务是社会治安防控体系的重要组成部分，承担着维护治安、管理交通、打击犯罪和服务群众的职能，不但与人民群众的日常生活相当贴近，并且与人民合法利益的保护密切相关。根据中共中央办公厅、国务院办公厅发布的《关于加强社会治安防控体系建设的意见》，社会面的治安防控主要包括街面控制、应急处突和案情预防，可见基层警务工作的重点主要在于巡防、预防和打击犯罪，常常需要基层警力"抛头露面"，因此本报告使用"见警率"来衡量地方警务表现。

（二）数据来源

"法治保障"维度的数据来源包括网络公开数据和网络问卷调查。通过网站查询，可以获得万人执业律师数以及市中级人民法院年度新收案件数、执结案件数、案件结收比和调解纠纷案件数。由于"警务表现"来自居民的主观感知，因此本报告采用网络问卷调查，对有关城市的居民展开调查（见表7-1）。

表7-1 "法治保障"指标的数据来源

二级指标	三级指标	指标解读	数据来源
专业力量	万人执业律师数	执业律师的数量及比例	人民法院调解平台
	市中级人民法院调解员数	市中级人民法院调解员的数量	

二级指标	三级指标	指标解读	数据来源
法治能力	诉讼案件数	通过中国裁判文书网获取城市在 2019 年的案件数量	中国裁判文书网
	市中级人民法院年结收比	市中级人民法院年度执结案件数和新收案件数的比例	各市中级人民法院年度工作报告
	市中级人民法院调解数	市中级人民法院调解纠纷案件数	人民法院调解平台
警务表现	见警率	在居住地见到民警或辅警的频率	网络问卷调查

二 "法治保障"建设情况评估结果

(一) 总体排名与分析

在"法治保障"得分上位列前十名的均为经济比较发达的城市,超大城市北上广深居前五名。除了成都和重庆两个城市位于西部地区,其他前十名城市都来自东部地区(见图 7-2)。中部地区得分最高的是合肥市,位列第 11 名。综合 108 个城市在该指标上的表现来看,东部地区城市间法治保障水平差距较大,但东部地区的整体水平优于中西部地区,经济比较发达城市的法治保障水平优于经济比较落后城市。法治保障专业力量分布不均,专业资源在省会(首府)城市或经济发达城市明显更加优厚,经济欠发达城市的法治服务力量和化解社会矛盾纠纷能力有待培育与增强。

从东部、中部、西部城市"法治保障"指标综合得分分布来看,东部地区城市得分主要集中分布在 80 分以上,得分高于 95

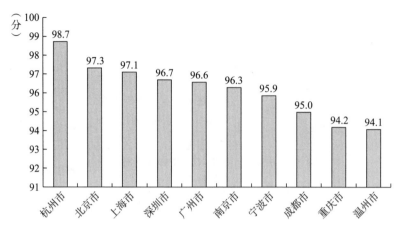

图7-2　"法治保障"指标得分前十名的城市

分的全部是东部城市，而得分最低的3个广东城市仅在75分上下；中部地区仅有3个城市得分高于90分，其他城市都集中分布于75～90分；西部城市则出现了分层现象，部分城市集中分布在90～95分，一部分城市则集中在80分上下。总的来看，东部城市得分的离散程度最大，尽管存在部分极端值，东部地区总体表现依然优于西部地区和中部地区（见图7-3）。

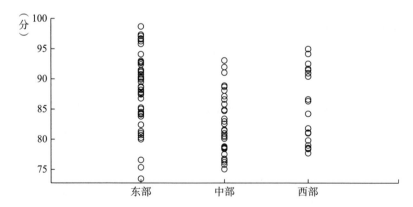

图7-3　东部、中部、西部城市"法治保障"指标
综合得分分布

（二）二级指标排名与分析

1. 专业力量

"专业力量"指标以"万人执业律师数"和"市中级人民法院调解员数"加以衡量。该指标得分范围在71.37～99.58分，平均分是85.44分。图7-4展示了该指标得分的前十名，除深圳市外，其他城市全部是省会（首府）城市或直辖市。

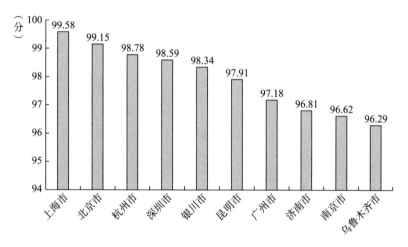

图7-4 "专业力量"指标得分前十名的城市

具体到三级指标，"万人执业律师数"指标得分前十名情况见图7-5，除了深圳市，其他城市无一例外是省会（首府）城市或直辖市。

"市中级人民法院调解员数"指标得分的前十名见图7-6，该指标的上榜城市不仅有省会（首府）城市与直辖市，还有地级市，与"万人执业律师数"指标得分的前十名有较大区别。浙江省多个城市在市中级人民法院调解员队伍建设上表现突出，其省会杭州市位列榜首，还有3个城市位列前二十名，是上榜城市最多的省份。

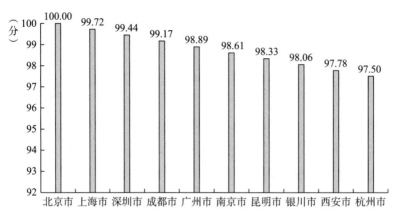

图 7 - 5 "万人执业律师数"指标得分前十名的城市

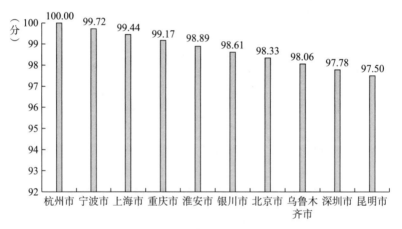

**图 7 - 6 "市中级人民法院调解员数"指标
得分前十名的城市**

2. 法治能力

"法治能力"指标的得分在 70.96 ~ 98.10 分，均值为 85.14 分。前十名中除了重庆市和郑州市，其他都是东部城市；超大城市有 3 个位列前十名，北京市位列第 11 名，得分为 95.58 分（见图 7 - 7）。

3. 警务表现

"警务表现"指标得分前十名情况见图 7 - 8，前十名的城市

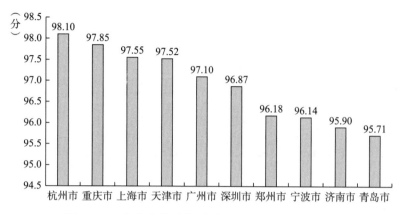

图 7 - 7　"法治能力"指标得分前十名的城市

中有 5 个来自江苏省,其他 5 个上榜城市都是省会(首府)城市或直辖市。

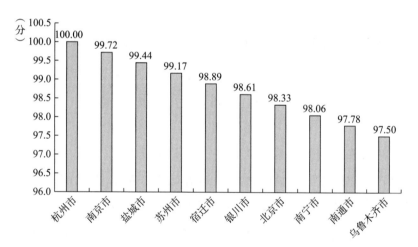

图 7 - 8　"警务表现"指标得分前十名的城市

　　分地区比较发现,东部地区在该指标上的得分均值为 89.00 分,且有近 50% 的城市得分高于 90 分。西部地区的均值为 85.63 分,有将近 25% 的城市得分高于 90 分。中部地区的均值为 79.97 分,得分最高的中部城市是石家庄市(94.72 分),位列第 20 名。总的来看,东部地区的警务表现最佳,西部地区次之,中部地区最末，警务表现亟待加强。

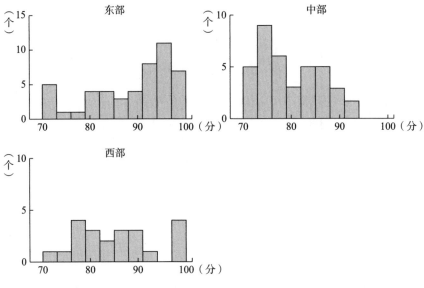

图7-9　东部、中部、西部"警务表现"指标得分城市分布

三　存在的问题与政策建议

在未来法治保障建设工作中，法治服务资源应进一步向省会（首府）城市和发达城市之外的地方倾斜，确保人民能够获得必要的法律帮助，促使社会矛盾通过法治手段得到化解。同时，地方应加强司法部门提供法律服务的能力建设，提高社会矛盾纠纷预防和化解机制的效率，使法律成为解决纠纷的可靠手段；注重开展普法宣传，树立地方居民的法治意识，形成全民守法的良好局面。中部、西部地区在未来的法治保障建设中，应争取迎头赶上，积极争取法治服务资源，加强地方法治能力建设，确保社会治理在法治轨道上稳步发展，以法治推动良治。

第八章　"科技支撑"建设情况评估[*]

一　指标设计与测量

　　针对已有研究的优缺点，本节借鉴了较为成熟的科技评估指标，从"应用渠道"和"运营效果"两方面，对科技在市域社会治理中发挥的作用进行考察，刻画不同城市的科技应用成效。同时在已有评估数据的基础上，引进微博、微信、App 等常用移动互联网入口评价，兼顾一定的科技准确度以及当下市民的实际体验感受，进一步凸显了科技支撑社会治理、切实提升民众日常生活质量的作用。

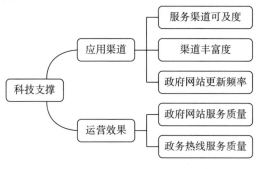

图 8 - 1　"科技支撑"指标体系

---

　　[*]　执笔人：张叶、汤献亮、陈那波。

1. 应用渠道

科技支撑下的社会治理体系向"智治"发展。科技支撑的建设离不开基础设施平台的有效搭建，而科技基础设施平台的搭建与完善主要是靠建立和拓宽科技应用渠道实现的。

建设和拓宽科技应用渠道具有重要意义。在治理手段上，新兴科技为社会治理，特别是提高政府提供公共服务的质量增添了更加多样化、专业化的治理工具。一方面，政府通过数字技术搭建了相对完善的服务体系。在科技支撑下，政府可以更加精准地把握居民需求，统筹各类民生服务资源，并主动推送公共服务，将这些政务服务、群众服务数据及时推送到各种线上共享平台。另一方面，这些信息沟通共享机制搭建了政府与群众沟通的桥梁，群众可以随时通过线上平台发布需求，政府部门也可以通过智能服务终端解答群众疑惑，满足群众需求，而且多样的应用渠道为群众监督政府工作提供了更加科学、便利的工具。

对应用渠道指标的测量不仅要体现出市域社会治理是否运用了科技支撑，还要体现出科技支撑的广度和深度。因此，本报告采用"服务渠道可及度"、"渠道丰富度"和"政府网站更新频率"来衡量渠道质量。"服务渠道可及度"指的是政府是否为民众提供了获取公共服务的入口和平台，这是市域运用科技支撑进行社会治理的基础。随着科技的进步和治理事务的日益繁杂，仅提供单个服务渠道已经无法满足民众获取公共服务的需求，政府必须提供更多样化的渠道。"渠道丰富度"反映了科技支撑运用于市域社会治理的广度，渠道越丰富，民众获取公共服务越便利。"渠道丰富度"主要测量政府公共服务的互联网入口种类，主要包含两种方法。一是检索当地政府官网是否有微博、微信、App 或无障碍入口；二是搜索该市政府有无加 V 官博、加 V 公众号，手机应用商店有无政府 App。除了科技应用的广度，科技应用的深度也是评价社会治理智能化的关键维度，即市域是否将丰富的应用渠道持之以恒地运用到市域社会治理过程中。"政府网站更新频率"可以在一定程度上反映政府对应用渠道运营和维护的能力与意愿。政府网站更新频率越高，说明政府科技运营的意愿越高、技术能力越强。对"政府网站更新频率"的测量主要使用了计算频次的方法，即进入该市政府官网下的新闻模块，记录在过去的一周里网站信息更新的频数。

2. 运营效果

客观上，科技对行政组织的影响呈现不断扩大的态势，但技术治理领域的研究提示我们，技术并不一定会带来组织的变革。因为技术的执行会受制于组织原有的结构、制度安排，其实际应用效果可能表现出偏离、嵌入、阻滞、共建等不同情况。[1] 例如，雷望红观察到，在某地"12345"政府热线的实地推广过程中，政府、村干部和村民等主体出于自身角色利益，采取了行政压力承担基层化、服务诉求表达私利化和服务责任规避规范化等机会主义行为，最终导致该地区的政府热线不仅没有便民利民，反而加大了基层治理风险。[2] 因此，要衡量市域社会治理的科技支撑水平，除了要评价科技基础设施平台建设、应用渠道便利程度外，更要深入考察科技是否在治理中发挥应有作用，其实际运营效果如何。本节设立二级指标"运营效果"以针对性地评估各地科技手段服务质量，其中细分为"政府网站服务质量"和"政务

---

[1] 谭海波、孟庆国、张楠：《信息技术应用中的政府运作机制研究——以 J 市政府网上行政服务系统建设为例》，《社会学研究》2015 年第 6 期，第 73～98 页。

[2] 雷望红：《被围困的社会：国家基层治理中主体互动与服务异化——来自江苏省 N 市 L 区 12345 政府热线的乡村实践经验》，《公共管理学报》2018 年第 2 期，第 43～55 页。

热线服务质量"。

（1）政府网站服务质量

政府网站服务质量，指的是政府官方网站的服务能力和服务水平。政府网站是权威网络平台，是市民获取官方信息、进行投诉、反馈意见的主要途径，其服务质量能够代表地方政务平台的科技运营效果。目前，电子政务、图书馆学和情报学领域有多位学者评估过政府网站情况，主要采用站点容量、无故障工作时间、更新速度、有无英文版本、有无本站点信息的搜索引擎、有无管理员联系方式、有无计数器、链接数和访问数量、网页结构设计等客观技术指标衡量网站服务质量，[1] 评估手段已较为成熟。本节以中国电子信息产业发展研究院、中国软件评测中心公布的第十八届中国政府网站绩效评估结果（2019）为数据依据，进行标准化赋分处理、应用。

（2）政务热线服务质量

政务热线服务质量，指的是"12345"等便民政务热线的服务水平。政务热线是面向市民的综合性服务平台，覆盖了税务办理、社保医保、消费纠纷处置、环保投诉等多样应用场景，能够有效运用智慧技术促进政府回应市民需求。目前，全国已有300多个城市设立了"12345"政务热线，话务量、平均接通时长、平均接通率、工单平均办结时间等指标数据在城市间具有一定可比性，可以反映地方政府对电子政务系统的利用水平。本节采用中山大学等单位联合统计的《2020年全国政务热线服务质量评估

---

① 沙勇忠、欧阳霞：《中国省级政府网站的影响力评价——网站链接分析及网络影响因子测度》，《情报资料工作》2004 年第 6 期，第 17 ~ 22 页；韩俊：《基于层次分析法的政府门户网站评价模型研究——以浙江省 11 个地级市政府门户网站为例》，《图书馆学研究》2007 年第 12 期，第 87 ~ 93 页；钟军、苏竣：《政府网站评测方法研究》，《科研管理》2002 年第 1 期，第 133 ~ 138 页。

报告》① 数据，该测评排名已包括"12345"接通率等各项服务指标，其评价结果可直接用于衡量各地政务热线服务质量。

二 "科技支撑"建设情况评估结果

（一）总体排名与分析

108个重点城市在科技支撑方面平均得分为92.90分，最高98.55分，最低86.03分，分值波动幅度在市域社会治理评估七维度中较低。这主要是因为本部分考察对象为政府网站、微博、微信和政务热线，这几项内容普及程度已经较高，不同城市的差异相对不大、区分度不高。而新兴前沿的数据技术形态多样，难以通过固定指标衡量，同时数据获得性不足，未能加入指标体系中。综合来看，本次调查的科技支撑部分重点在于查漏补缺。

从全国层面看，科技支撑指标得分呈现东高西低的总体趋势。东南沿海省份得分较高，江浙沪、福建、两广、海南形成沿海高分带，科技支撑整体质量较高。中西部地区的湖北、四川、安徽、陕西、宁夏的科技支撑得分也较高，与东部地区齐头并进。江西、重庆、贵州、山东以及辽宁、吉林得分靠近全国均值，处于追赶位置。内蒙古、甘肃、青海、新疆等西北省份和一些中部省份表现则略逊一筹。

---

① 全国政务热线服务质量评估由中山大学、清华大学和全国政务热线发展联盟共同组织，评估结果以年度发布的形式进行呈现，评估目标是推动政务热线转型发展，提高政务热线建设水平，帮助政务热线在社会治理现代化和经济建设中发挥其应有的价值，助力建设人民满意的服务型政府。

（二）二级指标排名与分析

1. 应用渠道

通过数据分析，报告发现各重点城市在"应用渠道"指标上体现出以下特征。总体来看，所有重点城市在"应用渠道"上的得分可以被划分为五个区间。在 108 个重点城市中，大部分城市表现优异：超半数的城市在应用渠道指标上得分超过 95 分，其中 37 个城市获得满分；104 个城市获得优秀（大于等于 85 分），剩余 4 个城市均在 80 分以上，与 85 分相差极小。

科技支撑社会治理的基础已经打好。所有城市均提供了互联网入口，方便居民咨询公共服务，科技支撑社会治理的广度得到充分保障。在 108 个重点城市中，约 92% 的城市提供了相当多样的互联网渠道，渠道数量保持在 3 或 4 种，其中约 72% 的城市将民众日常使用的微博、微信、公众号、App 等全部容纳在内；剩余 8% 左右的重点城市在拓宽科技应用渠道上还有很大空间（见图 8－2）。

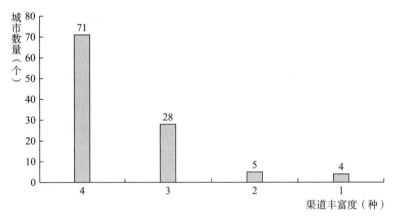

图 8－2　各重点城市在"渠道丰富度"上的表现情况

科技支撑已经深深"嵌入"市域社会治理过程。在 108 个重点城市中,约90%能够做到每周的信息更新4次以上,其中一半以上的城市坚持每天更新政府网站信息;剩余10%的城市即使在工作日也做不到每天更新政府网站信息(见图8-3)。

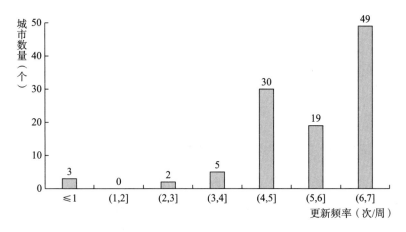

图8-3 各重点城市在"政府网站更新频率"上的表现情况

2. 运营效果

在运营效果方面,108个重点城市在政府网站服务质量和政务热线服务质量两个考察维度上,平均得分超过90分,其中政务热线发展水平略好于政府网站。大部分城市运营效果较好,城市间差异不大。东部城市均值有小幅领先,组内高分城市多,整体技术运营质量高。中部城市得分区间比较集中,个体之间水平接近,得分最高的长沙与最低的绥化差值小于10分。西部得分均值与中部相比没有显著差异,但组内差异更大,成都、西安、南宁等城市得分较高,拉萨、乌鲁木齐、呼和浩特等城市得分则较低,拉大了分差(见图8-4)。

运营效果三级指标下,有政府网站服务质量和政务热线服务质量两个测量子项。从政府网站服务质量上看,目前各城市政府

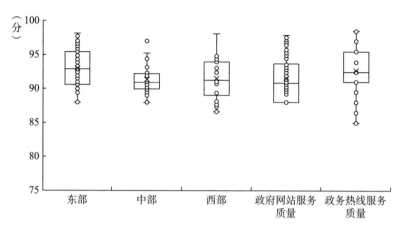

图 8 - 4 "运营效果"得分分布情况（分地区、分子项）

官网信息公开基本已普及通用模板，信息公开内容较为规范。发达地区城市政府官网主页设计更具人性化和用户导向，网站服务更加稳定，市民使用体验更好。在此项中，东中西部都有重点城市排名靠前，政府网站技术在中心城市基本不存在发展代差。排名靠后的拉萨、乌鲁木齐、遵义等城市则限于经济发展状况和技术人才资源，客观上难以缩小与中心城市的技术距离。

从政务热线服务质量上看，各重点城市政务热线发展历程较长，总体建设已经趋于完善，主要差距来自热线工单的实际执行环节，而非话务热线技术环节。这一子项得分情况与政府网站服务质量比较类似，多数城市得分都较高。拉萨、乌鲁木齐、呼和浩特等城市受制于现实情况，排名处于靠后位置。

表 8 - 1 "运营效果"排名前十代表城市

指标	城市
政府网站服务质量排名前十（含并列）	青岛、深圳、成都、佛山、长沙、长春、北京、无锡、广州、武汉、上海
政务热线服务质量排名前十	西安、海口、杭州、福州、上海、广州、深圳、成都、北京、佛山

三 存在的问题与政策建议

对各重点城市科技应用渠道的评估反映出部分城市在拓宽科技应用渠道上仍有提升空间,这种拓宽表现在横向拓宽和纵向拓宽两个维度上。从横向上来说,有37个重点城市的互联网丰富度有待提高,尚缺少1~3种网络渠道;从纵向上来说,有11个重点城市未能在社会治理的过程中将科技支撑贯彻始终,这具体表现为即使在工作日,它们也没有做到每日更新政府官网信息。

在应用渠道方面,本节提出,各地需要丰富互联网渠道,深化对科技手段的运用。为此,我们可以从这两点努力。第一,提高政府与民众对科技的认知度,增强科技信任感。科技的广泛应用依赖于政府与民众的共同信任。政府部门要善于引入高水平信息技术,将科技治理的理念植入人们日常工作之中,不断提升决策的洞察力和执行力。同时,政府也要认清科技是治理手段而非目的的事实,谨防对科技的过度崇拜和滥用。实践中,要采用科普或宣传手段,引导民众理性地看待科技在社会治理中的功能与价值,培育公民的"数据意识"。第二,加强技术创新,提升应用成熟度。要在社会治理过程中深化对科技手段的运用,就必须立足于自主创新,加快突破各项技术瓶颈,适度推进标准制定,搭建起基础研究和核心技术攻关的创新平台,提高处理海量数据的技术能力,并结合产学研合作机制,培养出一批具有集成技术和治理能力的复合型人才。

在运营方面，各城市在政府网站建设、政务热线建设方面的差距已经快速缩小，整体水平得到显著提升。未来需要在规范建设的基础上，发挥各地特色，优化政府网站的用户体验，增强信息传递的功能。政务热线服务要重视工单的解决执行效率，提高响应反馈效率，加强技术与实地执行的联系。

第九章 市民主观绩效情况评估[*]

一 指标设计与测量

（一）指标设计

社会治理的内容和对象决定了市域社会治理是一种基本的公共治理，公共性的特点强调为了人民、依靠人民、造福人民，突出人民的主体地位，因此市域社会治理评估应格外重视和强调以公众为中心的主观指标。在党的十九大报告中，习近平总书记首次将人民获得感、幸福感、安全感并列提出，体现了党在领导新时代中国特色社会主义建设伟大实践中，对人民群众的现实需要、改革发展的目的和归宿认识的深化。

因此，本研究将围绕"三感"，并结合社会治理的背景和内容，对市域社会治理主观绩效展开一系列的评价。具体而言，获得感包含获得感综合感知评价，还有对"收入增加""就业服务""生活便利""绿色生活""优质教育""基本医疗""社会保障""社会公平""合法权益"等多项具体内容的获得感评价；安全感

＊ 执笔人：张程、陈那波。

包含安全感综合感知评价，还有对"生态安全""公共卫生安全"
"食品安全""交通安全""治安安全""信息安全"等多项具体
内容的安全感评价；幸福感包含幸福感综合感知评价，还有对
"收入水平""身体健康状况""精神心理状态""生活质量""居
住品质""家庭状态""人际关系""职业现状"等多项具体内容
的幸福感评价（见图9-1）。这些分指标紧紧围绕公众的精神生
活、物质生活，全面有效地反映出市域社会治理之于人民群众的
主观治理成效。

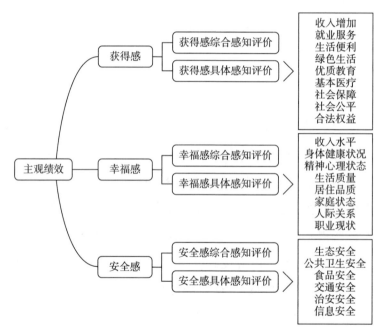

图9-1 主观绩效指标框架

（二）数源来源

1. 投放方案

• 样本条件：在该城市住满1年（近2年内）的16周岁以上

居民。

- 问卷形式：网络调查问卷。
- 投放时间：2020 年 12 月 1 日~2021 年 1 月 10 日。

2. 问卷回收成果

108 个重点城市共收集到 45728 个样本，具体回收样本量见表 9 - 1。

表 9 - 1　重点城市问卷回收情况

单位：个

城市数量	样本量分布			总样本量
	样本规模	城市数量	样本量	
108	大于 1000	6	9125	45728
	500~1000	6	4048	
	300~500	90	31079	
	小于等于 300	6	1476	

二　市民主观绩效建设情况评估结果

(一) 总体排名与分析

基于上述指标体系框架及测量方法，针对全国 108 个重点城市的主观绩效总体评估结果为 79.8 分，处于中等水平，表明全国市域主观绩效仍有提升空间。其中，安全感 81.4 分，表现最好，幸福感 79.9 分，排名第二，两者得分均超过总体得分，获得感 78.7 分，得分略低于总体得分 (见图 9 - 2)。

分区域来看，"三感"总体仍有提升空间，得分分别为：东部 80.8 分，排名第一；西部 80.1 分，排名第二；中部 78.4 分，

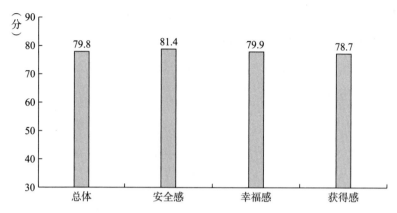

图 9 - 2 "主观绩效"市域总体评估结果

排名第三（见图 9 - 3）。其中，中部总体得分与东部、西部存在一定差距，有待提高。从结果来看，东部、中部、西部的安全感得分均为最高，幸福感次之，获得感得分相对偏低，表明各区域在社会治理工作上取得一定的成效。指标方面，"获得感"三个区域的得分在 77.1 ~ 79.9 分，最大分差为 2.8 分。其中东部（79.9 分）排名第一，西部（79.0 分）排名第二，中部（77.1分）排名第三；东部、西部得分差异不明显，中部得分相对偏低。"幸福感"三个区域的得分在 78.4 ~ 80.8 分，最大分差为2.4 分。其中东部（80.8 分）排名第一，西部（80.3 分）排名第二，中部（78.4 分）排名第三；东部、西部得分差异不明显，中部得分相对偏低。"安全感"三个区域的得分在 80.3 ~ 82.3分，最大分差为 2.0 分。其中东部（82.3 分）排名第一，西部（81.2 分）排名第二，中部（80.3 分）排名第三，中部得分相对偏低。从结果可见，东部城市开放程度更高，市场经济更发达，其就业、医疗、生活等基础条件更为优越，能带给民众更多的生活便利，因此"三感"得分东部区域普遍较高；西部城市正处于快速发展阶段，交通便利性提高，旅游产业得到发展，"三感"

得分均排名第二。

分组	城市数量	排名	总体		获得感	幸福感	安全感
东部	48	1	80.8		79.9	80.8	82.3
西部	22	2	80.1		79.0	80.3	81.2
中部	38	3	78.4		77.1	78.4	80.3

图9-3　"主观绩效"分区域评估结果

分行政等级来看，"三感"总体仍有提升空间，得分分别为：直辖市83.9分，排名第一；省会（首府）80.2分，排名第二；非省会（首府）79.5分，排名第三（见图9-4）。其中，直辖市总体得分领先于省会（首府）、非省会（首府），而省会（首府）与非省会（首府）之间分差不明显。从结果来看，三类城市的安全感得分均为最高。指标方面，三类城市"获得感"的得分在78.3~83.9分，最大分差为5.6分。其中直辖市（83.9分）排名第一，省会（首府）（79.3分）排名第二，非省会（首府）（78.3分）排名第三；直辖市得分相对领先，省会（首府）与非省会（首府）得分差异不明显。三类城市"幸福感"的得分在79.5~83.3分，最大分差为3.8分。其中直辖市（83.3分）排名第一，省会（首府）（80.3分）排名第二，非省会（首府）（79.5分）排名第三；直辖市得分相对领先，省会（首府）与非省会（首府）得分差异不明显。三类城市"安全感"的得分在81.2~85.0分，最大分差为3.8分。其中直辖市（85.0分）排名第一，省会（首府）（81.3分）排名第二，非省会（首府）

（81.2 分）排名第三；直辖市得分相对领先，省会（首府）与非省会（首府）得分差异不明显。从结果可见，直辖市在经济上有很大的自主权，容易吸引全国各地企业甚至外资企业进驻投资，同时，国家往往对直辖市实行优惠政策，所以直辖市在社会治理工作中更容易取得优先权，因此"三感"得分相对更高。省会（首府）是一个省（自治区）的政治中心、决策中心，其交通便利、四通八达，省会（首府）城市的经济发展水平相对较高，都是每个省（自治区）重点发展的城市，此外有众多省会（首府）是历史古城，第三产业发展迅猛，但政治、经济优先水平次于直辖市，因此"三感"得分排名次于直辖市。非省会（首府）城市经济水平落后于直辖市与省会（首府）城市，因此"三感"得分相对较低。

分组	城市数量	排名	总体	获得感	幸福感	安全感
直辖市	4	1	83.9	83.9	83.3	85.0
省会（首府）	27	2	80.2	79.3	80.3	81.3
非省会（首府）	77	3	79.5	78.3	79.5	81.2

图 9 - 4 "主观绩效"分行政等级评估结果

从具体城市来看，"主观绩效"排名前十城市总体得分在83.1～86.7 分，最大分差为 3.6 分，具体城市分别是杭州市、北京市、绍兴市、天津市、南京市、苏州市、上海市、合肥市、无锡市、金华市，主要分布在京津冀与长三角地区，其中杭州市"三感"得分比较平均，且均超过 86 分，表现相对突出，无明显

短板，位列第一。三个直辖市分别位列第二（北京市）、第四
（天津市）、第七（上海市）。苏州市的安全感、合肥市的获得感
相对其余指标得分偏低，为该城市短板指标（见图9－5）。

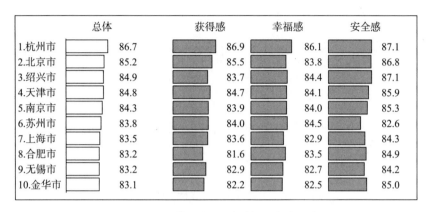

图9－5 "主观绩效"排名前十城市评估结果

（二）二级指标排名与分析

1. 获得感：公众获得感偏低，各项指标评估结果存在一定
差异

分区域来看，获得感总体得分分别为：东部79.9分，排名
第一；西部79.0分，排名第二；中部77.1分，排名第三（见图
9－6）。其中，中部总体得分与东部、西部存在一定差距，有待
提高。三个区域的各项指标得分存在一定差异，其中"生活便
利""绿色生活"各区域得分相对较高，"生活便利"三个区域得
分均超过80分，"绿色生活"东部、西部得分均超过80分。"收
入增加""就业服务"各区域得分相对较低，其中"收入增加"
西部、中部得分低于70分，"就业服务"中部得分低于70分，
有待提高。东部区域除"绿色生活"外，其余指标得分均领先于
西部、中部，主要因为东部城市相对发达，就业、医疗、教育等

资源条件优异，给生活带来更多便利，居民对获得感感知更强。中部、西部区域对"生活便利"感知更为突出，主要是因为随着东部经济起飞带动中部、西部逐步发展，生活配套更完善，便利性得到提高。

分组	城市数量	排名	总体	收入增加	就业服务	生活便利	绿色生活	优质教育	基本医疗	社会保障	社会公平	合法权益
东部	48	1	79.9	71.1	73.2	84.4	81.0	78.0	79.5	78.3	76.3	79.4
西部	22	2	79.0	69.4	70.3	83.3	82.1	76.9	78.3	76.3	75.5	78.5
中部	38	3	77.1	67.1	68.6	81.8	79.0	75.5	76.5	74.3	72.7	76.2

图 9 - 6　"获得感"分区域评估结果

分行政等级来看，"获得感"总体得分分别为：直辖市 83.9 分，排名第一；省会（首府）79.3 分，排名第二；非省会（首府）78.3 分，排名第三（见图 9 - 7）。其中，直辖市得分相对领先，省会（首府）与非省会（首府）得分差异较小。三类城市的各项指标得分存在一定差异，"生活便利""绿色生活"各区域得分相对较高，"绿色生活"三类等级城市得分均超过 80 分，"生活便利"三类等级城市得分均超过 83 分。"收入增加""就业服务"各等级城市得分相对较低，其中省会（首府）、非省会（首府）"收入增加"得分低于 70 分，有待提高。直辖市所有指标得分均为最高，主要是因为直辖市拥有更高的政治、经济优先权，经济发展优势巨大，居民获得感感知更强。省会（首府）与非省会（首府）城市对"生活便利""绿色生活"感知更为突出，主要是因为随着经济快速发展，生活水平不断提高，配套设施不断完善，以及居民在享受更便捷的生活的同时，环保意识不断提高。

从具体城市来看，"获得感"排名前十城市总体得分在

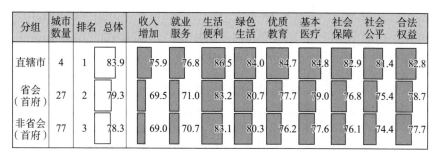

分组	城市数量	排名	总体	收入增加	就业服务	生活便利	绿色生活	优质教育	基本医疗	社会保障	社会公平	合法权益
直辖市	4	1	83.9	75.9	76.8	86.5	84.0	84.7	84.8	82.9	81.4	82.8
省会（首府）	27	2	79.3	69.5	71.0	83.2	80.7	77.7	79.0	76.8	75.4	78.7
非省会（首府）	77	3	78.3	69.0	70.7	83.1	80.3	76.2	77.6	76.1	74.4	77.7

图9－7　"获得感"分行政等级评估结果

83.1～86.9分，最大分差为3.8分，具体城市分别是杭州市、北京市、天津市、深圳市、苏州市、南京市、绍兴市、上海市、宁波市、广州市，主要分布在京津冀、长三角和珠三角地区（见图9－8）。其中，杭州市总体得分位列第一名，各项指标得分均相对较高；深圳市在"生活便利"上表现较好，而在"优质教育""就业服务""收入增加"上表现欠佳。广州市总体得分排名第十，"生活便利"得分较高，"收入增加""就业服务"得分相对偏低，其余指标得分比较平均。排名前十城市里，"收入增加""就业服务"得分均低于80分，为前十城市的短板指标。

	总体	收入增加	就业服务	生活便利	绿色生活	优质教育	基本医疗	社会保障	社会公平	合法权益
1.杭州市	86.9	76.8	79.3	89.2	87.8	86.5	86.4	86.1	83.9	87.1
2.北京市	85.5	78.4	79.3	87.6	85.4	86.8	87.4	85.6	82.9	85.2
3.天津市	84.7	79.7	78.4	86.3	85.3	84.8	84.9	83.0	82.7	84.3
4.深圳市	84.4	71.5	77.2	88.4	84.7	79.9	80.4	81.6	81.2	84.1
5.苏州市	84.0	73.0	77.0	86.5	82.7	80.6	82.3	80.3	79.2	83.1
6.南京市	83.9	74.7	76.1	86.9	82.7	84.1	83.7	82.3	79.4	82.6
7.绍兴市	83.7	77.4	76.7	87.7	85.7	82.2	84.1	83.6	79.8	82.6
8.上海市	83.6	76.0	77.2	86.2	83.5	83.9	83.6	82.2	80.9	82.4
9.宁波市	83.4	73.6	77.1	87.7	83.2	81.2	81.6	82.3	79.8	80.7
10.广州市	83.1	73.6	77.2	88.6	81.6	83.7	84.4	82.1	79.9	82.4

图9－8　"获得感"排名前十城市评估结果

2. 幸福感：公众幸福感较高，"家庭状态"表现相对较好

分区域来看，"幸福感"总体得分分别为：东部80.8分，排

名第一；西部 80.3 分，排名第二；中部 78.4 分，排名第三（见图 9 - 9）。其中，中部总体得分与东部、西部存在一定差距，有待提高。三个区域的各项指标得分存在一定差异，其中"家庭状态""人际关系"各区域得分均在 80 分以上，东部、西部"身体健康状况""精神心理状态"得分均超过 80 分，表现良好。"收入水平"为三个区域得分相对较低的指标，其中中部得分低于 70 分，有待提高。东部区域"收入水平""生活质量""职业现状"表现明显优于西部、中部区域，主要由于东部发达城市居多，经济发展水平更高，就业机会相对较多，收入与生活品质相对较高。

分组	城市数量	排名	总体	收入水平	身体健康状况	精神心理状态	生活质量	居住品质	家庭状态	人际关系	职业现状
东部	48	1	80.8	72.9	81.3	80.5	78.5	77.6	85.7	82.2	76.1
西部	22	2	80.3	70.7	81.1	80.6	78.0	77.7	85.4	82.6	75.1
中部	38	3	78.4	69.0	79.4	78.7	75.5	75.0	84.0	80.2	72.1

图 9 - 9 "幸福感"分区域评估结果

从行政等级来看，"幸福感"总体得分分别为：直辖市 83.3 分，排名第一；省会（首府）80.3 分，排名第二；非省会（首府）79.5 分，排名第三（见图 9 - 10）。其中，直辖市总体相对较高，省会（首府）与非省会（首府）得分差异不大。三类城市的各项指标得分存在一定差异，其中"身体健康状况""家庭状态""人际关系"各等级城市得分均在 80 分以上，表现良好。"收入水平"为三类城市得分相对较低的指标，其中省会（首府）、非省会（首府）得分分别为 71.7 分、70.5 分，有待提高。直辖市的"收入水平""生活质量""职业现状"表现明显优于省会（首府）、非省会（首府）城市，主要由于直辖市政治、经济优势较大，经济发展水平更高，居民生活条件更好，收入也相对较高，当地居民整体生活品质相对较高。

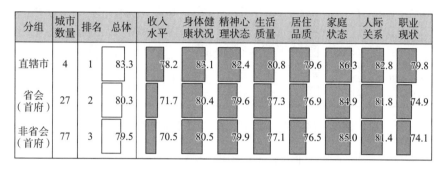

分组	城市数量	排名	总体	收入水平	身体健康状况	精神心理状态	生活质量	居住品质	家庭状态	人际关系	职业现状
直辖市	4	1	83.3	78.2	83.1	82.4	80.8	79.6	86.3	82.8	79.8
省会（首府）	27	2	80.3	71.7	80.4	79.6	77.3	76.9	84.9	81.8	74.9
非省会（首府）	77	3	79.5	70.5	80.5	79.9	77.1	76.5	85.0	81.4	74.1

图 9－10　"幸福感"分行政等级评估结果

从具体城市来看，"幸福感"排名前十城市总体得分在82.8～86.1分，最大分差为3.3分，具体城市分别是杭州市、苏州市、绍兴市、天津市、南京市、北京市、合肥市、成都市、上海市、昆明市，主要分布在京津冀、长三角地区及西部地区，其中杭州市总体得分最高，位列第一，各项指标得分均在80分以上，表现良好（见图9－11）。排名前十城市里，苏州市、合肥市、成都市、昆明市的"收入水平"得分均低于75分，为该城市的弱项。苏州幸福感总体得分第二，但"收入水平""精神心理状态""生活质量""居住品质""职业现状"五项指标得分均低于80分，有待提高。

3. 安全感：公众安全感较高，指标间差异较小，表现相对较好

分区域来看，"安全感"总体得分均在80分以上，表现良好，具体得分分别为：东部82.3分，排名第一；西部81.2分，排名第二；中部80.3分，排名第三（见图9－12）。在具体指标

	总体	收入水平	身体健康状况	精神心理状态	生活质量	居住品质	家庭状态	人际关系	职业现状
1.杭州市	86.1	81.2	83.8	82.6	81.8	82.3	86.8	85.3	81.2
2.苏州市	84.5	73.4	81.3	79.9	78.1	77.9	84.2	82.1	76.7
3.绍兴市	84.4	76.2	85.3	83.0	81.3	80.8	88.5	85.4	78.7
4.天津市	84.1	80.6	84.9	84.2	82.6	82.4	86.6	84.5	82.0
5.南京市	84.0	77.4	84.4	83.0	81.0	79.9	85.5	84.5	78.5
6.北京市	83.8	80.7	85.2	85.3	83.2	80.8	87.5	82.1	82.0
7.合肥市	83.5	74.9	82.3	81.9	81.1	79.2	85.6	82.9	78.1
8.成都市	83.2	70.6	81.4	81.8	79.7	79.7	87.7	82.9	77.2
9.上海市	82.9	77.8	81.5	80.8	79.6	78.3	86.1	82.1	79.0
10.昆明市	82.8	71.5	81.1	82.2	80.8	79.4	86.8	84.1	77.3

图 9-11 "幸福感"排名前十城市评估结果

方面,"食品安全"西部、中部得分低于 80 分,"信息安全"三个区域得分均低于 80 分,有待提高。三个区域的各项指标得分存在一定差异,其中东部有五项指标得分在 80 分以上,表现最好,主要是因为东部区域通信更发达,与安全相关的信息传播更快速,民众对此类信息接收度相对较高。西部、中部除"食品安全""信息安全"得分相对偏低外,其余指标表现良好。

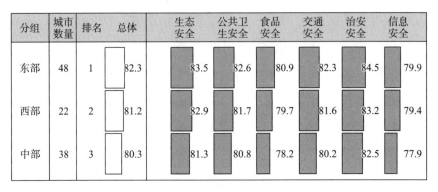

分组	城市数量	排名	总体	生态安全	公共卫生安全	食品安全	交通安全	治安安全	信息安全
东部	48	1	82.3	83.5	82.6	80.9	82.3	84.5	79.9
西部	22	2	81.2	82.9	81.7	79.7	81.6	83.2	79.4
中部	38	3	80.3	81.3	80.8	78.2	80.2	82.5	77.9

图 9-12 "安全感"分区域评估结果

从城市的行政等级来看,"安全感"总体得分均在 80 分以上,表现良好,具体得分分别为:直辖市 85.0 分,排名第一;省会(首府)81.3 分,排名第二;非省会(首府)81.2 分,排名第三（见图9-13）。在具体指标方面，"生态安全""公共卫生安全""交通安全""治安安全"三类城市得分均高于80分，表现良好。三类城市的各项指标得分存在一定差异，其中直辖市六项指标得分均在80分以上，表现最好，主要因为直辖市在医疗、教育、社会保障等方面有很多措施，对当地人的生活尽量给予安全保障。省会（首府）、非省会（首府）除"食品安全""信息安全"得分相对偏低外，其余指标表现良好。

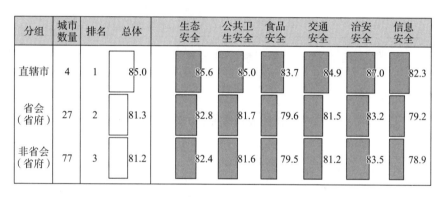

分组	城市数量	排名	总体	生态安全	公共卫生安全	食品安全	交通安全	治安安全	信息安全
直辖市	4	1	85.0	85.6	85.0	83.7	84.9	87.0	82.3
省会（省府）	27	2	81.3	82.8	81.7	79.6	81.5	83.2	79.2
非省会（省府）	77	3	81.2	82.4	81.6	79.5	81.2	83.5	78.9

图9-13 "安全感"分行政等级评估结果

从具体城市来看，"安全感"排名前十城市总体得分在84.7～87.1分，最大分差为2.4分，具体城市分别是杭州市、绍兴市、北京市、天津市、南京市、金华市、泉州市、合肥市、南通市、菏泽市，主要分布在京津冀、长三角地区，其中杭州市、绍兴市得分较高（见图9-14）。杭州市、绍兴市、北京市排名前三，主要是三城市的"食品安全""交通安全""治安安全""信息安全"得分相对较高，且"生态安全""公共卫生安全"得分均在75分以上。天津市虽然总体得分排名靠前，但"生态安全""公共卫生安全""治安安全"得分均低于80分，有待提高。

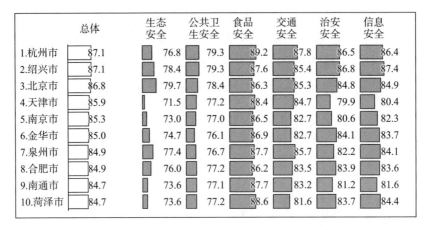

图 9-14　"安全感"排名前十城市评估结果

三　存在的问题与政策建议

（一）现有问题

1. 公众对获得感、幸福感感知相对较弱

获得感、幸福感总体得分分别为 78.7 分、79.9 分，均低于安全感的总体得分（81.4 分）。

2. 收入问题是公众感知最弱环节

获得感指标中，"收入增加"各城市得分偏低，其中昆明市、长沙市、重庆市得分低于 70 分，得分相对较低；幸福感指标中，"收入水平"各城市得分偏低，其中大连市、烟台市得分低于 70 分，得分相对较低。

3. "三感"评估结果区域集中性明显

从城市行政等级维度来看，直辖市"三感"得分均为最高，表明城市经济、政治地位的高低，对当地民众"三感"的强弱起着重要的作用。"三感"总分排名前十城市中，评估结果较好的城市主要分布在京津冀、长三角地区，其余地区城市表现相对较弱。排名前五城市主要包括杭州、北京、绍兴、天津、南京，其余地区城市的评估结果仍有待提高。

（二）政策建议

1. 政府需落实好基础建设，处理好民生实事

"三感"涵盖了人民群众生产、生活的诸多方面，政府部门应坚持从群众需求出发，大力提升人民的获得感、幸福感、安全感。

政府应落实民生工程，将其转化为看得见摸得着的获得感，如群众住房条件得到改善、经济收入持续增加等。日益完善基础设施建设，满足人们的精神文化需求，不断提升获得感；政府应关注民生难题，解决群众之所急，提升群众幸福感，如解决环境污染问题，解决城市治安问题等。在公共服务、医疗健康、社会福利、环境保护等方面，政府能及时为群众干好事、干实事，切实提升群众幸福感；政府应树立为民作风，为民多想、为民多做，提升群众安全感，如建立健全的社会保障制度、建立有质量的就业保障体系，同时政府多做安全宣传教育工作，发动群众排除生活场景中的安全隐患等。充分发挥政府的带头作用，调动群众的积极性、主动性，共同营造安全的生活环境，持续提升群众安全感。

2. 三项举措落实并行，提高群众收入水平

坚持按劳分配为主体、多种分配方式并存，提高劳动报酬在初次分配中的比重，完善工资制度，健全工资合理增长机制，着力提高低收入群体收入，扩大中等收入群体。完善按要素分配政

策制度，健全各类生产要素由市场决定报酬的机制，探索通过土地、资本等要素使用权、收益权增加中低收入群体要素收入。多渠道增加城乡居民财产性收入。完善再分配机制，加大税收、社保、转移支付等调节力度，提升精准性，合理调节过高收入，取缔非法收入。发挥第三次分配作用，发展慈善事业，改善收入和财富分配格局。

3. 以发展经济为重点，先"富"带后"富"

当前，我国中部、西部地区的经济发展水平与东部依然存在差距，因此，中部、西部城市及东部欠发达地区，政府需要切实发展经济，才能得到群众认可，"三感"才能随之提升。首先，加快农业现代化进程。欠发达地区由于基础条件较弱，依然以农业经济为主，需要从传统农业逐步转为现代农业，提高农业科技水平，实施良种引进、培育措施。其次，发展区域特色农业，培育支柱产业。解放思想，互相学习。再次，当地政府需集中力量，重点扶持优势农户，进一步扩大规模效益，带动当地经济发展，推动产业升级。推动小城镇、工业园区的兴建与发展，欠发达地区的分散经营模式要向城镇集约经营模式转变。最后，引进人才与技术，推进技术革新与科学管理，实现产业档次的进一步提升。

第十章　城市客观绩效情况评估[*]

一　指标设计与测量

聚焦以设区的城市为基本单位的治理实践与建设工作，关注城市重要特征与基本属性，是深刻理解市域社会治理的要义所在。

本研究认为，经济运行、城市活力与社会民生是城市发展绩效的三个重要体现维度（见图 10 - 1）：经济运行反映了城市经济发展水平，为市域社会治理提供重要的经济基础；城市活力侧重人口要素，人是体现城市活动的核心，人口要素的结构与规模一定程度上与城市繁荣与社会治理的发展模式高度相关；社会民生讲求着力提升市域公共服务水平，社会治理成果惠及群众，响应"民生为本，不断增进民生福祉"的发展理念。因此，要实现城市的长期繁荣与有机发展就要不断深化推进市域社会治理，加强和创新市域社会治理，将成为推动城市治理体系和治理能力现代化的强大助力。

---

　　*　执笔人：张程、陈那波。

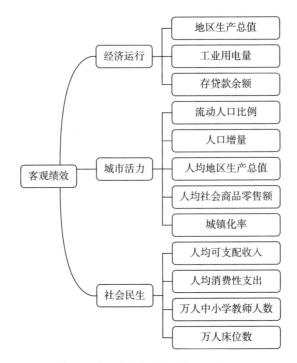

图 10 - 1 "客观绩效"指标框架

二 城市客观绩效建设情况评估结果

(一) 总体排名与分析

本章节得分均采用基础分与排序分相结合的计算方法,所以在结果上趋于固定值85.1。因此,全国108个重点城市的"客观绩效"的总体评估结果为85.1分(见图10 - 2)。

分区域来看,能够看到各地区在客观绩效方面存在差异,其中东部总体得分高于中部和西部,说明东部在社会治理的效果上比中部和西部突出。各区域得分为:东部88.7分,排名第一;西部83.5分,排名第二;中部81.6分,排名第三(见图10 - 3)。

经济运行层面，三个区域的得分在 81.1 ~ 89.8 分，最大分差为 8.7 分。其中，东部（89.8 分）排名第一，西部（82.0 分）排名第二，中部（81.1 分）排名第三；东部得分明显高于西部和中部得分。城市活力层面，三个区域的得分在 81.3 ~ 88.6 分，最大分差为 7.3 分。其中，东部（88.6 分）排名第一，西部（84.1 分）排名第二，中部（81.3 分）排名第三；东部得分明显高于西部和中部得分。社会民生层面，三个区域的得分在 82.5 ~ 87.4 分，最大分差为 4.9 分。其中，东部（87.4 分）排名第一，西部（84.9 分）排名第二，中部（82.5 分）排名第三。从结果来看，

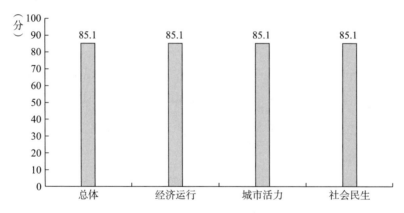

图 10 - 2 "客观绩效"总体评估结果

分组	城市数量	排名	总体	经济运行	城市活力	社会民生
东部	48	1	88.7	89.8	88.6	87.4
西部	22	2	83.5	82.0	84.1	84.9
中部	38	3	81.6	81.1	81.3	82.5

图 10 - 3 "客观绩效"各地区评估结果

东部属于沿海地区，开发历史悠久，经济环境中劳动者的文化素质较高，科技力量强，因此东部区域的客观绩效各指标得分普遍较高；西部区域的土地面积大，国家实施西部大开发战略，促进了西部的发展，所以客观绩效各指标得分排名第二。

从具体城市来看，"客观绩效"排名前十城市总体得分在94.8~97.2分，四大一线城市上榜。除第五名与第四名之间外，其余排名相邻城市间得分差异小，仅相差0.1~0.5分。前十城市中，四大一线城市有三个名列前三，依次分别是广州市（第一名）、深圳市（第二名）、上海市（第三名），而北京市处于第七名。广州市是改革开放的前沿阵地，经济开放度高，经济发展质量好，科技人才资源丰富，生活居住环境优越，所以广州市在"经济运行""城市活力""社会民生"指标中表现突出，无明显短板，位列第一。北京市未进前五名，主要原因是"城市活力"与前五名相比得分差异大，从而影响"客观绩效"总体得分。从前十城市的指标来看，"经济运行""城市活力""社会民生"指标得分均在90分以上，其中各城市的"经济运行"和"城市活力"指标得分均高于"社会民生"（见图10-4）。

	总体	经济运行	城市活力	社会民生
1.广州市	97.2	98.5	98.9	93.4
2.深圳市	97.0	99.0	98.8	92.3
3.上海市	96.9	99.8	97.5	92.3
4.杭州市	96.4	98.0	97.6	92.8
5.南京市	95.6	96.7	98.0	91.1
6.苏州市	95.5	98.6	94.3	92.8
7.北京市	95.4	98.2	94.8	92.3
8.佛山市	95.3	95.8	97.3	92.1
9.宁波市	95.0	97.2	96.1	90.7
10.无锡市	94.8	96.5	95.4	91.6

图10-4 "客观绩效"排名前十城市评估结果

（二）二级指标排名与分析

1. 经济运行：东部地区评估结果高，中西地区差异小

分区域来看，"经济运行"总体得分分别为：东部 89.8 分，排名第一；西部 82.0 分，排名第二；中部 81.1 分，排名第三（见图 10 - 5）。西部、中部与东部得分差异大，有待拉近距离。三个地区的各项指标得分存在一定差异，东部总体得分和各项指标得分均高于西部和中部，东部与西部、中部的指标间存在 5 分以上的差距，分差较大。除中部的"工业用电量"外，其余地区的各项指标得分均高于 80 分。各地区在"工业用电量"指标得分上存在明显差异，最高分与最低分相差 10.5 分。

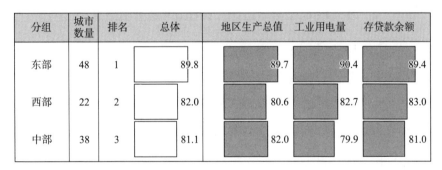

分组	城市数量	排名	总体	地区生产总值	工业用电量	存贷款余额
东部	48	1	89.8	89.7	90.4	89.4
西部	22	2	82.0	80.6	82.7	83.0
中部	38	3	81.1	82.0	79.9	81.0

图 10 - 5　"经济运行"分区域评估结果

分行政等级来看，"经济运行"总体得分分别为：直辖市 98.7 分，排名第一；省会（首府）89.5 分，排名第二；非省会（首府）82.9 分，排名第三（见图 10 - 6）。三类城市之间存在一定差异，直辖市得分相对领先，非省会（首府）城市得分则相对落后。三类城市的各项指标得分存在一定差异，直辖市三项指标得分均高于 97 分，主要因为直辖市经济发展水平较高，各行各业

活力强于其余两类城市，所以在经济运行方面优势较大；省会（首府）城市"存贷款余额"得分高于90分，其余两项指标得分低于90分，省会（首府）城市经济发展势头、企业投资欲望均低于直辖市，因此排名第二；非省会（首府）城市三项指标得分均低于84分，非省会（首府）城市的经济发展水平与其他两类城市差异较大，所以排名相对靠后。

分组	城市数量	排名	总体	地区生产总值	工业用电量	存贷款余额
直辖市	4	1	98.7	99.0	97.8	99.0
省会（首府）	27	2	89.5	88.9	87.3	92.1
非省会（首府）	77	3	82.9	83.1	83.7	82.0

图 10 - 6 "经济运行" 分行政等级评估结果

从具体城市来看，"经济运行"排名前十城市总体得分在 96.7～99.8 分，分别是上海市、深圳市、重庆市、苏州市、广州市、北京市、杭州市、天津市、宁波市、南京市（见图 10 - 7）。四大一线城市均排在前十名，依次分别是上海市（第一名）、深圳市（第二名）、广州市（第五名）、北京市（第六名）。上海市是国际经济、金融和贸易中心，同时在长江经济带中起"带头"作用，经济实力雄厚，所以在经济运行中表现突出，各项指标无明显短板，位列第一。从指标来看，前十城市各项指标得分均相对较高。其中，在"地区生产总值"上排名第一的是上海市，在"工业用电量"上排名第一的是苏州市，而在"存贷款余额"上排名第一的是北京市。

	总体	地区生产总值	工业用电量	存贷款余额
1.上海市	99.8	100.0	99.7	99.7
2.深圳市	99.0	99.4	97.8	99.4
3.重庆市	98.8	98.9	99.2	98.3
4.苏州市	98.6	98.6	100.0	97.5
5.广州市	98.5	99.2	96.9	99.2
6.北京市	98.2	99.7	94.2	100.0
7.杭州市	98.0	97.8	97.2	98.9
8.天津市	97.8	97.5	98.3	97.8
9.宁波市	97.2	96.9	98.6	96.1
10.南京市	96.7	97.2	94.4	98.1

图 10 - 7　"经济运行"排名前十城市评估结果

2. 城市活力：以"人"为本，推动城市建设

分区域来看，"城市活力"整体表现为：东部各项指标得分在 86.0 ~ 89.7 分，总体得分为 88.6 分，排名第一；西部各项指标得分在 82.5 ~ 88.3 分，总体得分为 84.1 分，排名第二；中部各项指标得分在 80.9 ~ 82.3 分，总体得分为 81.3 分，排名第三（见图 10 -8）。三个地区的各指标得分均高于 80 分。其中，东部的经济国际化程度高、改革开放早、就业发展机会多，所以"人均地区生产总值"、"人均社会商品零售额"、"城镇化率"和"流动人口比例"高于西部和中部。

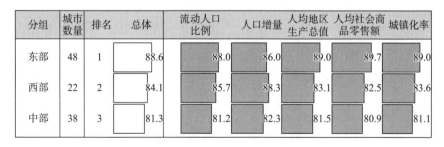

分组	城市数量	排名	总体	流动人口比例	人口增量	人均地区生产总值	人均社会商品零售额	城镇化率
东部	48	1	88.6	88.0	86.0	89.0	89.7	89.0
西部	22	2	84.1	85.7	88.3	83.1	82.5	83.6
中部	38	3	81.3	81.2	82.3	81.5	80.9	81.1

图 10 - 8　"城市活力"分区域评估结果

分行政等级来看，"城市活力"总体得分分别为：直辖市 93.3

分，排名第一；省会（首府）92.4分，排名第二；非省会（首府）82.2分，排名第三。省会（首府）与直辖市得分差异较小，而非省会（首府）得分低于90分，排名相对靠后（见图10-9）。

三类城市的各项指标得分存在一定差异，直辖市、省会（首府）城市"流动人口比例""人均地区生产总值""人均社会商品零售额""城镇化率"得分均高于90分，主要因为直辖市、省会（首府）经济发展水平较高，人才相对集中，城市基础建设完善，城镇化率相对较高；非省会（首府）各项指标得分均低于83分，主要因为非省会（首府）城市的经济发展水平与其余两类城市差异较大，所以排名相对靠后。

分组	城市数量	排名	总体	流动人口比例	人口增量	人均地区生产总值	人均社会商品零售额	城镇化率
直辖市	4	1	93.3	93.6	87.5	94.4	92.6	96.3
省会（首府）	27	2	92.4	93.1	91.5	91.7	93.0	92.8
非省会（首府）	77	3	82.2	81.9	82.8	82.4	82.0	81.9

图10-9 "城市活力"分行政等级评估结果

从具体城市来看，"城市活力"排名前十城市总体得分在95.5~98.9分，分别是广州市、深圳市、南京市、武汉市、杭州市、上海市、佛山市、长沙市、宁波市、青岛市，主要分布在沿海地区（见图10-10）。四大一线城市中的北京市排在前十名之外，广州市和深圳市分别排名第一、二位，得分仅差0.1分，而上海市排在第六位。从具体指标来看，各项指标得分均较高。其中，深圳市除"人均社会商品零售额"外，其余指标均名列前茅，"人均地区生产总值""城镇化率"表现突出。

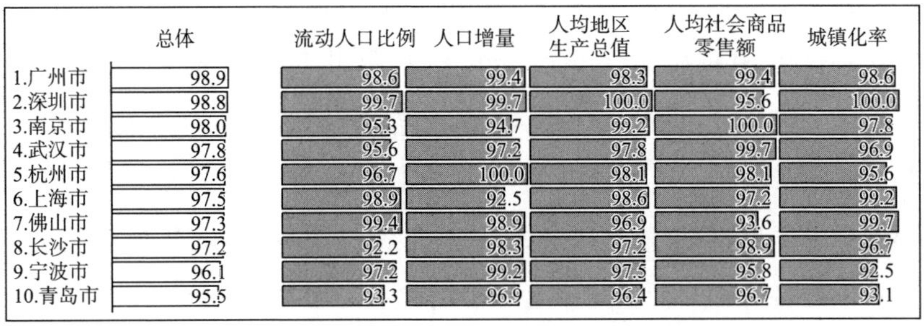

	总体	流动人口比例	人口增量	人均地区生产总值	人均社会商品零售额	城镇化率
1.广州市	98.9	98.6	99.4	98.3	99.4	98.6
2.深圳市	98.8	99.7	99.7	100.0	95.6	100.0
3.南京市	98.0	95.3	94.7	99.2	100.0	97.8
4.武汉市	97.8	95.6	97.2	97.8	99.7	96.9
5.杭州市	97.6	96.7	100.0	98.1	98.1	95.6
6.上海市	97.5	98.9	92.5	98.6	97.2	99.2
7.佛山市	97.3	99.4	98.9	96.9	93.6	99.7
8.长沙市	97.2	92.2	98.3	97.2	98.9	96.7
9.宁波市	96.1	97.2	99.2	97.5	95.8	92.5
10.青岛市	95.5	93.3	96.9	96.4	96.7	93.1

图 10 - 10　"城市活力"排名前十城市评估结果

3. 社会民生：人均收支水平引领社会民生，公共资源起推动作用

分区域来看，"社会民生"整体表现为：东部各项指标得分在 83.8 ~ 89.2 分，总体得分为 87.4 分，排名第一；西部各项指标得分在 84.0 ~ 90.0 分，总体得分为 84.9 分，排名第二；中部各项指标得分在 80.6 ~ 86.3 分，总体得分为 82.5 分，排名第三。三个地区的各指标得分均高于 80 分。从"人均消费性支出"和"人均可支配收入"指标上可以看出，东部的消费能力要大于西部和中部。

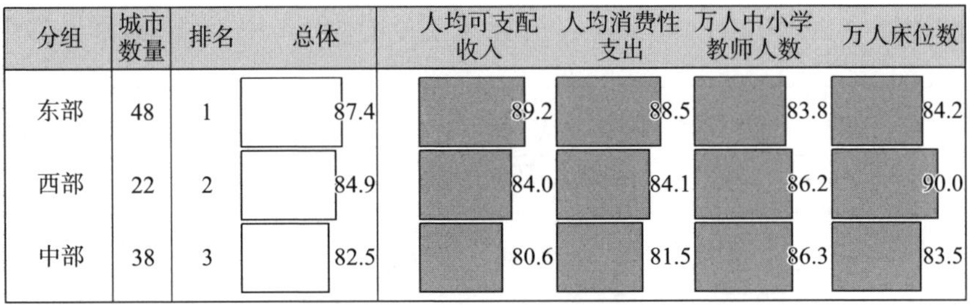

分组	城市数量	排名	总体	人均可支配收入	人均消费性支出	万人中小学教师人数	万人床位数
东部	48	1	87.4	89.2	88.5	83.8	84.2
西部	22	2	84.9	84.0	84.1	86.2	90.0
中部	38	3	82.5	80.6	81.5	86.3	83.5

图 10 - 11　"社会民生"分区域评估结果

分行政等级来看，"社会民生"总体得分分别为：直辖市 89.7 分，排名第一；省会（首府）88.9 分，排名第二；非省会（首府）83.6 分，排名第三（见图 10 - 12）。直辖市与省会（首

府）得分差异较小，均高于 88 分，而非省会（首府）得分低于 84 分，排名相对靠后。三类城市的各项指标得分存在一定差异，直辖市、省会（首府）"人均可支配收入""人均消费性支出"得分均高于 90 分，主要因为两类城市居民就业机会多，人均收入相对较高，消费能力也相对较高。非省会（首府）各项指标得分均低于 90 分，主要因为非省会（首府）城市的经济发展水平与其余两类城市差异较大。

分组	城市数量	排名	总体	人均可支配收入	人均消费性支出	万人中小学教师人数	万人床位数
直辖市	4	1	89.7	94.9	95.4	74.1	87.8
省会（首府）	27	2	88.9	91.7	91.2	80.3	94.5
非省会（首府）	77	3	83.6	82.3	82.5	87.4	81.7

图 10 - 12 "社会民生"分行政等级评估结果

从具体城市来看，"社会民生"排名前十城市总体得分在 92.1 ~ 93.4 分，分别是广州市、金华市、长沙市、杭州市、苏州市、昆明市、北京市、上海市、深圳市、温州市，主要分布在东部地区（见图 10 - 13）。从指标来看，"万人中小学教师人数"

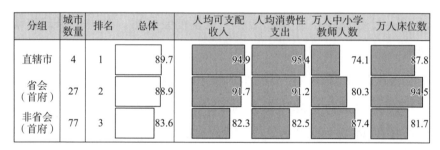

	总体	人均可支配收入	人均消费性支出	万人中小学教师人数	万人床位数
1.广州市	93.4	99.4	99.7	75.6	93.3
2.金华市	93.2	96.1	98.6	81.7	90.3
3.长沙市	92.9	96.4	98.1	79.4	97.8
4.杭州市	92.8	98.6	98.9	74.7	97.2
5.苏州市	92.8	98.9	97.5	77.5	91.4
6.昆明市	92.8	95.3	93.9	86.1	99.2
7.北京市	92.3	99.7	99.4	71.4	91.7
8.上海市	92.3	100.0	100.0	70.3	91.1
9.深圳市	92.3	99.2	99.2	76.4	72.8
10.温州市	92.1	96.7	97.2	80.6	80.3

图 10 - 13 "社会民生"排名前十城市评估结果

各市得分均较低，部分城市如杭州市、北京市、上海市得分低于75分，有待提高。上海市在"人均可支配收入""人均消费性支出"指标上排名第一。

三　存在的问题与政策建议

（一）存在的问题

1. 客观绩效评估结果区域差异性明显

东部评估结果相对领先于西部、中部，且表现优异的城市相对集中在传统发达地区，如京津冀、长三角、粤港澳大湾区及其周边城市。经济运行、社会民生两项指标中，由于直辖市的政治、经济发展优先权较高，所以整体得分均明显高于省会（首府）、非省会（首府）城市。

2. 教育资源分化，发达地区万人中小学教师人数少

北上广深城市的"万人中小学教师人数"得分低于80分，表明发达地区教育资源与人口基数不匹配的问题相对突出。

（二）政策建议

1. 改善中部、西部地区的投资环境，促进区域经济发展

区域内的软硬环境是投资者进行投资前的重要考量因素，因此营造区域内良好的经济环境是首要和核心问题。基础设施建设是区域建设与发展的前提和基础，也是区域经济起飞的必要条件，为了促进经济发展，满足投资日益增长的需要，必须加强基础设施建设，如交通条件。

政府在经济发展中起着重要的引导作用，在改善投资环境

中，政府需注重提高办事效率、简化办事程序、优化服务流程、提升服务意识。同时依法行政，加大市场监管力度，维持市场基本秩序，积极保护投资者权益，为投资者提供安全放心的投资环境。良好的法律法规环境是进行市场规范、维护市场秩序的基础，需结合区域特点、时代特征进一步加强法治建设。

专业人才是发展的主要动力，区域要想发展，人才是关键。政府需要制定相关政策，营造有利于人才发展的市场环境，真正做到引进人才、培养人才、留住人才，才能促进区域经济发展。

2. 做好社会民生基础建设，各区域需加大教育等资源的投入力度

教育资源的多少、好坏，归根结底是由经济发展水平的高低决定的，所以持续发展区域经济才是改善教育的根本方法。在经济水平达到一定高度时，则需要注重教育资源建设，包括人力、物力和财力。人力包括教育者人力资源与受教育者人力资源，如学生、老师、教工、教辅等人员；物力包括学校、学校中的固定资产、教学材料等；财力包括教学资金储备、学术研究资金储备、教学材料设备采购资金储备等。

第十一章　结论与展望[*]

（一）初步具备市域社会治理要素，区域性水平差异逐步显现

本研究依据主观绩效、客观绩效和治理行动的评价框架，对全国市域社会治理主体进行调研评估，形成了一个相对全面的报告。

从全国范围来看，调研涵盖的城市业已初步具备市域社会治理的基本要素，在市域社会治理的体系架构上具有整体性和一致性，这为未来全国下好一盘棋、在纵向结构上实现上下贯通提供了基本保障。同时，也预示着未来市域社会治理现代化的攻坚难点在于社会治理的"精细化"，要对治理目标、行动主体、治理工具、制度设计这些基本要素进行有机融合与精准应用。严格意义上的精细治理，讲求多元治理维度的水平均衡化与制度设计的精准化，目前各地市域社会治理的短板不一、水平不齐正是此次市域社会治理"摸底"所显现出的实际问题，区域性水平的显著差异体现出距离"精细化"市域社会治理目标还存在进步空间。

---

　　* 执笔人：张程、陈那波。

未来，各城市对自身在社会治理上的"强项"与"短板"要建立全面清晰的认知；通过扎实的调研工作，进一步挖掘社会治理短板的具体表现及其成因；梳理补齐社会治理短板的工作框架，积极动员、推进社会治理短板提升工作落地。

（二）分级建立标杆示范城市，提供市域社会治理可比参照

无论是主观绩效、客观绩效，还是具体的治理行动，所体现的社会治理表现都与经济发展水平、城市行政级别、城市所在区域、人口规模等存在关联。同样，单一城市在各具体治理维度上的表现，均存在相对薄弱的环节，省域内城市间的社会治理表现也存在一定失衡。这些都提醒我们，在推进市域社会治理现代化的过程中要讲求方式方法，要有聚焦高效治理、统筹谋划推进的战略思路。具体而言，就是充分考虑到城市地区的资源条件差异、理顺城市经济建设与社会治理的关系。

首先，城市经济建设在社会治理中扮演着重要角色，社会治理与经济发展紧密关联。城市经济的健康发展为社会治理提供有力的支持，市域社会治理的最终落脚点，即获得感、幸福感、安全感的提升也离不开城市经济发展对居民物质和精神生活的影响，经济水平的跃升为居民获得感、幸福感和安全感的提升奠定重要基础。

其次，不同级别、不同类型的城市，社会治理资源存在显著差异，建设条件也不一致，对全体城市展开无差别的比较与发展，是失之偏颇、不可行的。未来应科学研究不同的城市条件特征，因地制宜地建立一批治理标杆示范城市，探索多元的社会治理方法，为各级城市提供社会治理范例。同时，坚持完善党委领导、政府负责、民主协商、社会协同、公众参与、法治保障、科

技支撑的社会治理体系是各地探索创新的重要指南，是形成社会治理整体合力的目标保障。

（三）进一步理解主客观绩效内在逻辑，助推市域社会治理水平跃升

理解主观绩效、客观绩效本身的内在逻辑，对市域社会治理现代化建设的推进也具有重要意义。

市域社会治理具有集成性、复杂性、枢纽性的基本特征，推进市域社会治理现代化要强调城市的引领作用、统筹作用，要体现出城市形态、城市经济、城市活力、城市公共服务等客观特征。离开城镇化的背景，将导致对市域社会治理的理解是不全面甚至是贫乏的。未来我们可以更多地考虑城市异质性与发展阶段性，不断丰富市域社会治理客观绩效的内在逻辑。

同时，在此次评价过程中，公民的安全感水平普遍高于获得感与幸福感，获得感与幸福感的关联程度最高，安全感与幸福感、获得感的关联程度相对较弱。但三者相互联系、相互作用、相互影响、相互渗透。安全感是底线，是提升获得感和幸福感的基本条件；获得感的提升为幸福感和安全感提供可能，增进人民获得感是基础；幸福感以获得感和安全感为前提，增进人民幸福感是核心和目的。这寓示着，市域社会治理现代化建设的真正落脚点，应是加强保障群众安全感，不断积累民众获得感，逐步提升人民幸福感。

附　录

表 A　治理行动 – 指标数据采集方法

一级指标	二级指标	三级指标	指标说明	数据采集方法
党委领导	领导能力	党委班子整体素质	市委书记、市委副书记（市长）平均受教育年限	政府网络信息分析
			市委书记、市委副书记（市长）平均参加工作年限	政府网络信息分析
	领导工作	党委表现	党员对党委领导工作的认可评分	问卷调查
		调研工作	市委书记年度下基层调研次数（重点工作调研、党建调研）	政府网络信息分析
政府负责	主体责任	政府责任意识	市长年度下基层开展社会治理有关调研的次数	政府网络信息分析
	能力素质	政府班子能力素质	市政府领导班子平均受教育年限	政府网络信息分析

一级指标	二级指标	三级指标	指标说明	数据采集方法
政府负责	能力素质	政府班子能力素质	市政府领导班子平均参加工作年限	政府网络信息分析
	治理行动	治理规划	社会治理工作规划完备性	专业平台数据分析
		公共财政支持水平	人均科学技术支出与教育支出	统计资料分析
			科学技术支出与教育支出占地方一般公共预算支出比重	统计资料分析
公众参与	主体建设	专业人士数量	每万人教育人员数量	统计资料分析
			每万人卫生和社会工作人员数量	统计资料分析
	参与效果	知晓率	是否听说过/了解当地政府部门举办的听证会/座谈会/民意调查等	问卷调查
		参与率	是否参与过当地政府部门举办的听证会/座谈会/民意调查等	问卷调查
		回应水平	年度公开留言量	专业平台数据分析
			留言回复率	
社会协同	主体建设	社会组织数量	一个城市拥有的在民政部门登记注册的社会组织的数量	专业平台数据分析
		社会组织指数	每万人社会组织数量	专业平台数据分析
	协同机制	平台和渠道	是否有网上平台或渠道服务社会组织	政府网络信息分析

续表

一级指标	二级指标	三级指标	指标说明	数据采集方法
社会协同	协同效果	知晓率	是否听说过当地社会组织参与服务社会的项目	问卷调查
		参与率	是否参与过当地社会组织参与服务社会的项目	问卷调查
法治保障	专业力量	万人执业律师数	执业律师的数量及比率	专业平台数据分析
		市中级人民法院调解员数	市中级人民法院调解员的数量	专业平台数据分析
	法治能力	诉讼案件数	通过中国裁判文书网获取城市在2019年的案件数量	专业平台数据分析
		市中级人民法院年结收比	市中级人民法院年度执结案件数和新收案件数的比率	政府网络信息分析
		市中级人民法院调解数	市中级人民法院调解纠纷案件数	专业平台数据分析
	警务表现	见警率	在居住地见到民警或辅警的频率	问卷调查
民主协商	基层协商	议事会理事会知晓率	是否听说过居民议事会/理事会	问卷调查
		议事会理事会参与率	是否参与过居民议事会/理事会	问卷调查
		村居委会选举知晓率	是否听说过村委会/居委会代表选举活动	问卷调查
		村居委会选举参与率	是否参与过村委会/居委会代表选举活动	问卷调查
	人大协商	人大网站建设	有没有人大网站	政府网络信息分析

一级指标	二级指标	三级指标	指标说明	数据采集方法
民主协商	人大协商	人大代表调研报道数	网站监督调研报道数量	政府网络信息分析
	政协协商	政协网站建设	有没有政协网站	政府网络信息分析
		政协委员调研报道数	网站监督调研报道数量	政府网络信息分析
科技支撑	应用渠道	服务渠道可及度	有无公共服务的互联网入口	政府网络信息分析
		渠道丰富度	公共服务的互联网丰富程度（公众号，官网）	政府网络信息分析
		政府网站更新频率	政府网站的信息更新频率	政府网络信息分析
	运营效果	政府网站服务质量	市政府门户网站在全国地市级门户网站绩效评估排名	专业测评资料分析
		政务热线服务质量	全国 12345 第三方测评排名	专业测评资料分析

表 B　客观绩效－指标数据采集方法

一级指标	二级指标	数据采集方法
经济运行	地区生产总值	统计资料分析
	工业用电量	
	存贷款余额	
城市活力	流动人口比例	统计资料分析
	人口增量	
	人均地区生产总值	

续表

一级指标	二级指标	数据采集方法
城市活力	人均社会商品零售额	统计资料分析
	城镇化率	
社会民生	人均可支配收入	统计资料分析
	人均消费性支出	
	万人中小学教师人数	
	万人床位数	

表 C　主观绩效－指标数据采集方法

一级指标	二级指标	三级指标	数据采集方法
幸福感	幸福感综合感知评价	感知程度	问卷调查
	幸福感具体感知评价	收入水平	
		身体健康状况	
		精神心理状态	
		生活质量	
		居住品质	
		家庭状态（和睦）	
		人际关系	
		职业现状	
获得感	获得感综合感知评价	感知程度	问卷调查
	获得感具体感知评价	收入增加	
		就业服务	
		生活便利（交通/网购/移动支付等）	
		绿色生活	

一级指标	二级指标	三级指标	数据采集方法
获得感	获得感具体感知评价	优质教育	问卷调查
		基本医疗	
		社会保障（社会保险/救济/福利等）	
		社会公平	
		合法权益	
安全感	安全感综合感知评价	感知程度	问卷调查
	安全感具体感知评价	生态安全	
		公共卫生安全	
		食品安全	
		交通安全	
		治安安全	
		信息安全	

图书在版编目（CIP）数据

中国市域社会治理评估报告 / 陈那波等著. -- 北京：
社会科学文献出版社，2022.12
ISBN 978 - 7 - 5228 - 1151 - 2

Ⅰ.①中… Ⅱ.①陈… Ⅲ.①社会管理 - 现代化管理
- 研究报告 - 中国 Ⅳ.①D63

中国版本图书馆 CIP 数据核字（2022）第 225628 号

中国市域社会治理评估报告

著　　者 / 陈那波　张　程 等

出 版 人 / 王利民
责任编辑 / 胡庆英
文稿编辑 / 杨　莉
责任印制 / 王京美

出　　版 / 社会科学文献出版社 · 群学出版分社（010）59367002
地址：北京市北三环中路甲 29 号院华龙大厦　邮编：100029
网址：www.ssap.com.cn
发　　行 / 社会科学文献出版社（010）59367028
印　　装 / 三河市尚艺印装有限公司

规　　格 / 开 本：787mm × 1092mm　1/16
印 张：11.25　字 数：135 千字
版　　次 / 2022 年 12 月第 1 版　2022 年 12 月第 1 次印刷
书　　号 / ISBN 978 - 7 - 5228 - 1151 - 2
定　　价 / 89.00 元

读者服务电话：4008918866